ent de
guistique déral évapora
rtistes déchirement séparations affronter
ultures frontière linguistique État fédéra
einture artistes déchirement séparations
eux cultures frontière linguistique État f
vaporation peinture artistes déchirement
ffrontement deux cultures frontière ling

SPA
ODEON

SOMMAIRE

LA BELGIQUE
LE ROMAN D'UN PAYS

Patrick Roegiers

DÉCOUVERTES GALLIMARD
CULTURE ET SOCIÉTÉ

Contrairement à la légende, le Belge n'est pas sorti du tombeau. Il existait bien avant que son pays, grand comme un mouchoir de poche, ne se mêle à la Hollande, comme le décida le Congrès de Vienne en 1815. N'ayant pas eu droit au chapitre, le Belge allait faire entendre sa voix. La Belgique, en effet, naquit d'un opéra.

CHAPITRE 1

UN PAYS NÉ DE NULLE PART (1830-1865)

Le patriotisme et l'art se confondent dans les *Épisodes des journées de septembre 1830 sur la place de l'hôtel de ville de Bruxelles* (à gauche, détail). Ce tableau a été peint en 1835 par Gustave Wappers, qui deviendra le peintre officiel de la Cour. Dès le début, son histoire, le Belge l'a « dans l'os ». C'est lui que célèbre avec ironie l'artiste contemporain Marcel Broodthaers avec son *Fémur d'homme belge* (1964-1965) paré des couleurs du drapeau national (ci-contre).

THÉÂTRE ROYAL

aujourd'hui Mercredi 25 Août 1830,

LA MUETTE DE PORTICI

Le cri de la « Muette »

Les troupes de Guillaume Ier, despote méprisant, se replient dans le parc de Bruxelles, cicatrisé de boulets (ci-dessous). Ce sont les célèbres « Journées de Septembre ».

Tout commence le 25 août 1830 lorsque le ténor Lafeuillade, une hache à la main, costumé en pêcheur napolitain, entame de sa voix de stentor :

« Amour sacré de la patrie
Rends-nous l'audace et la fierté
À mon pays, je dois la vie
Il me devra la liberté. »

C'est le quatrième acte de *La Muette de Portici* d'Esprit Auber, sur un livret d'Eugène Scribe. La salle est comble. Le Théâtre royal de la Monnaie compte alors parmi les salles de spectacle les plus novatrices d'Europe. Ce chant, qui exalte le patriotisme des Napolitains contre leurs agresseurs espagnols, déchaîne l'enthousiasme du public. Un temps interdites, les représentations interrompues reprennent le 23 septembre. Le chahut cette fois tourne à l'émeute. La foule frondeuse se répand dans les rues, désertées par les notables. « Place au peuple ! » Les armuriers sont pris d'assaut. On saccage le siège des gazettes bataves, on dresse des barricades, on hisse au balcon de l'hôtel de ville les couleurs de la France, qu'on remplace par celles noir, jaune et rouge de la révolution brabançonne, puis par celles du futur drapeau national. En criant « Nous sommes Belges ! » les patriotes – la canaille, marmonne le bourgeois – s'insurgent contre le joug hollandais. L'élan se répète aux quatre coins du pays, d'Ostende à Arlon. C'est une insurrection nationale. Après quatre jours, les troupes de Guillaume Ier battent en retraite dans la nuit du 26 au 27 septembre. La révolution belge – « une guerre pour rire » ? – triomphe.

L'accès à l'indépendance

Le 4 octobre 1830, un gouvernement provisoire décrète que « les provinces de la Belgique, violemment détachées de la Hollande, constituent un État indépendant ». Que s'empressent de reconnaître les grandes puissances. Tout comme l'inviolabilité de son territoire et sa neutralité perpétuelle considérées comme une garantie de l'équilibre européen.

À cette époque, la Belgique, pays essentiellement bourgeois, ne compte que 4 millions d'habitants. Elle ne possède pas de caractère national propre et ne doit son unité qu'à sa résistance au pouvoir de ceux qui l'ont occupée.

Qu'importe que ce soit par hasard ou sur un air d'opéra (à gauche, détail de l'affiche de *La Muette de Portici*) que se déclenche la fronde patriotique des Belges, la Belgique est née. Débute ainsi l'épopée d'un petit pays qui s'était cru jusque-là sans histoire. On décréta que toute personne vivant depuis quinze ans au moins sur le territoire devenu belge aurait accès à la citoyenneté.

Les Flamands vivent la création de la Belgique comme une catastrophe. Et les Wallons n'ont accepté l'indépendance que parce qu'on leur refusait la réunion à la France. Tous deux crient en chœur : « On nous a imposé un État belge ! » Que va faire de sa liberté ce « peuple à part » dont l'émancipation subite est le produit d'un accident de l'Histoire ?

Un projet de Constitution est examiné et, le 13 novembre 1830, le Congrès vote par 174 voix contre 13 (pour la république) que la future Belgique sera une monarchie. Il ne reste plus qu'à chercher celui qui voudra s'asseoir sur le trône de cette nation naissante, soudain contrainte d'exister.

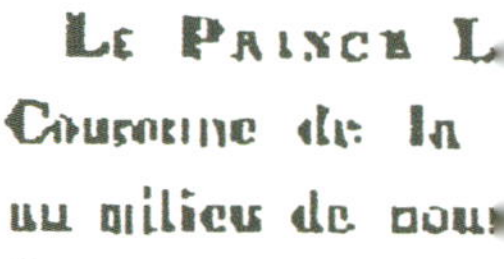

Le Bourgmestre informe les citoyens de Bruxelles que Léopold de Saxe-Cobourg a accepté la Couronne de Belgique (ci-dessus et au centre, détails de l'affiche).

Un choix de roi

Les premiers « candidats » abordés déclinant la proposition sous la pression étrangère, le royaume demeure sans souverain pendant six mois. Et l'on négocie alors avec Léopold de Saxe-Cobourg-Gotha, prince allemand, veuf inconsolé d'une princesse anglaise, de se faire élire « roi des Belges », et non roi de Belgique, par le Congrès, le 4 juin 1831. Huitième enfant de Frédéric, prince héréditaire de Saxe-Cobourg, éduqué jusqu'à 11 ans par sa grand-mère, taciturne et solitaire, le prince ténébreux prête le serment constitutionnel le 21 juillet – date désormais de la fête nationale – et accède au trône par scrutin sous le nom de Léopold Ier.

Les cloches des églises et les salves d'artillerie accueillent sous un soleil resplendissant l'élu de la nation, qui ignore presque tout de ceux qui l'ont choisi pour souverain. Il sait que les Belges turbulents, prompts à s'enflammer, dotés d'une réputation d'« émeutiers », ne sont guère faciles à gouverner et qu'ils sont jaloux de leur liberté tout récemment conquise. Dans son serment, il promet avec une voix teintée d'accent allemand de protéger des convoitises son fragile État tout neuf et jure de maintenir l'indépendance nationale et l'intégrité du territoire, quand soudain, patatras !

OLD DE SAXE-COBOURG a accepté définitivement la
que. Avant huit jours SON ALTESSE ROYALE sera

Le premier drapeau belge est cousu en hâte le 26 avril 1830 par une couturière au nom abstrait d'Abts (campée ci-contre, avec des membres du gouvernement provisoire). Les couleurs sont disposées horizontalement. L'hymne national s'intitule d'abord *La Bruxelloise*, puis *La Brabançonne*. La Constitution, qualifiée par certains de « pierre vermoulue », est si admirable pour d'autres qu'elle leur paraît inviolable.

Léopold Ier, qui vient de refuser le trône de la Grèce, fraîchement affranchie de la domination turque, ne sait pas encore s'il fera un bon roi. Il cède à l'enthousiasme général du peuple débordant de joie. Ce souverain idéal est éternisé en tenue officielle par Liévin De Winne, en 1860 (à gauche).

Sous le Sceptre d'un Roi Constitutionnel, nous formons enfin
une Nation libre et indépendante.

La peur d'être renversé

À peine le nouveau roi a-t-il fait sa « joyeuse Entrée » à Liège que la Hollande rompt l'armistice et envahit la Belgique douze jours après l'avènement du monarque. Celui-ci prend la tête de la jeune armée belge totalement désorganisée et, face aux quatre-vingt mille Hollandais bien équipés, fait appel à l'intervention des puissances garantes de son indépendance. Appui précipité de la France. Effroi des Anglais, qui voient le sol neutralisé de Belgique occupé par des soldats français seize ans après Waterloo, et s'imaginent victimes d'un complot franco-belge.

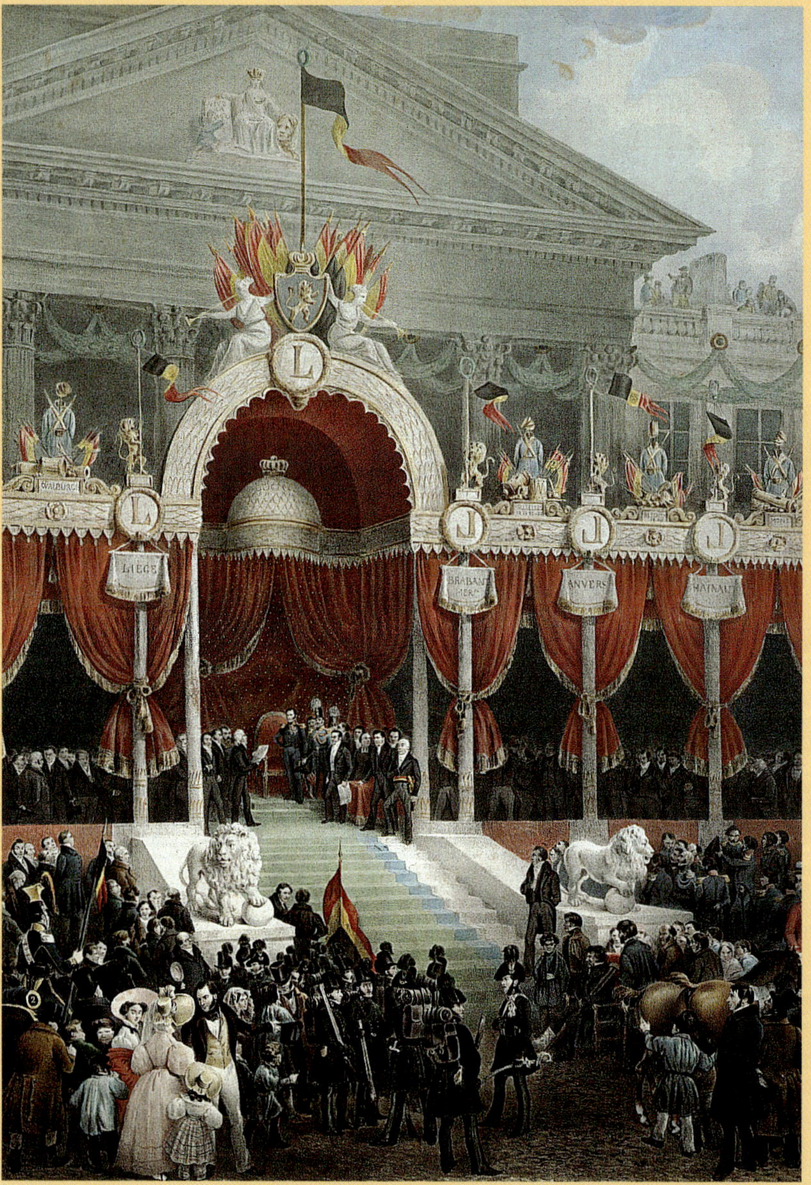
LIEGE
ANVERS

Élu roi, ce qui n'arrivera plus à ses successeurs, Léopold Ier déclare avec une pointe d'accent: « Je ne suis pas belge. » Il prête serment de fidélité à la Constitution le 21 juillet 1831 (page de gauche, la cérémonie par Madou). Vu l'incompétence des ministres chargés de la politique étrangère et de la défense, le souverain s'attribue des pouvoirs très étendus en ces domaines. Le roi organise solidement son armée afin de couper court à toute nouvelle velléité d'envahissement. Et pour consolider son royaume, il épouse le 9 août 1832, à Compiègne (ci-contre), Louise-Marie d'Orléans, aînée des filles du roi Louis-Philippe, qui devient ainsi son allié et l'assure du soutien de la France, en évitant l'annexion. « Je suis très content de ma bonne petite reine », confie-t-il à propos de sa moitié, plus jeune que lui de vingt-deux ans, peu engouée par ce mariage conçu comme « un sacrifice de raison ». La nouvelle reine n'est guère séduite par cet époux austère et athée qu'elle perçoit comme froid et morose et « aussi indifférent que l'homme qui passe dans la rue ».

Le patriotisme belge est anarchique. Non contents de défier les troupes hollandaises, les Belges, partagés en deux camps, se combattent eux-mêmes, cocardes tricolores contre cocardes orange. Après les affrontements, on enterre les quatre cent cinquante morts des Journées de Septembre place Saint-Michel, située sur un ancien potager, et rebaptisée pour l'occasion place des Martyrs. On la voit ici vers 1833, lors d'une cérémonie patriotique, avant que ne soit érigé en son centre le curieux mausolée, doté d'une crypte en plein air, dédié à la nation belge. Un lion couché sur ses chaînes brisées repose au cœur du monument conçu par Guillaume Geefs et inauguré en septembre 1838. Le gardiennage des jardins (aujourd'hui supprimés) fut confié à trois invalides blessés au cours des Journées meurtrières. Par son architecture néo-classique édifiée par Claude Frisco, ce haut lieu emblématique de l'identité nationale est l'un des plus harmonieux de Bruxelles. Longtemps à l'abandon, il a subi de multiples altérations et a été classé par à-coups. Le bâtiment que l'on voit au fond, entre deux bannières aux couleurs horizontales, est à présent le siège du gouvernement flamand.

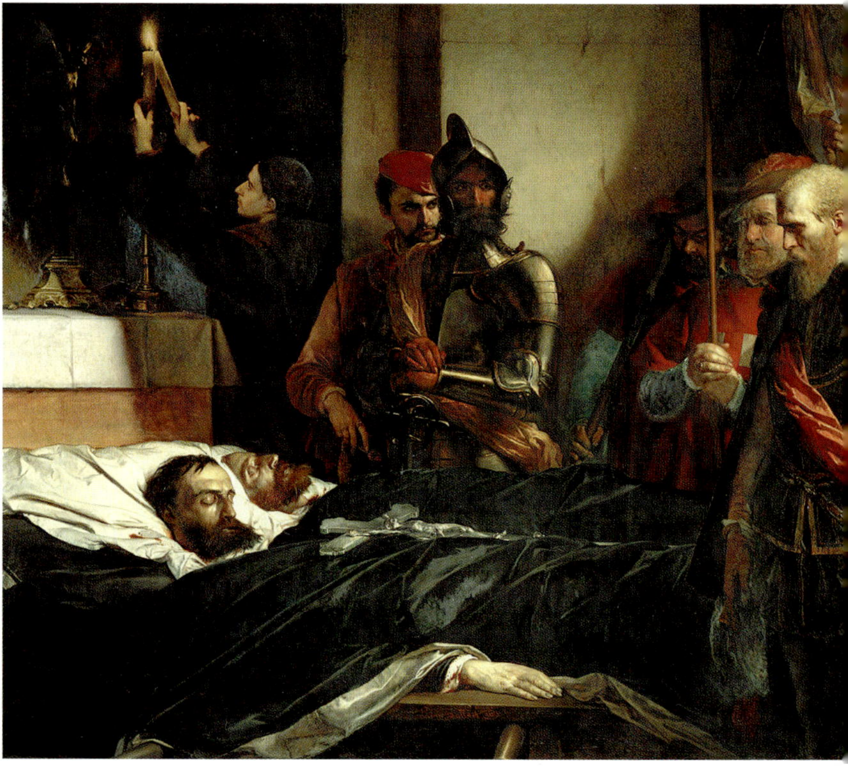

La bataille des Éperons d'or opposa le 11 juillet 1302, sur la plaine de Groningue, les Leliaerts, partisans du roi de France, aux Klauwaerts, partisans du futur lion des Flandres. Dépouillés de leurs éperons, les chevaliers français mordirent la poussière (à droite, en vignette, la mort de Robert d'Artois). La légende dorée de cette bataille n'a cessé de croître au fil du temps et d'étoffer l'épopée de la Flandre naissante.

Finalement, les Hollandais se retirent mais l'humiliation est cuisante pour le nouvel État qui s'est avéré incapable de se défendre seul contre ses influents voisins. Sitôt intronisé, Léopold Ier s'est vu menacé d'être renversé et son royaume a chancelé aussitôt qu'instauré. Peut-être pense-t-il alors à abdiquer? Mais il se ressaisit et surmonte cette passe délicate. « Je suis l'Atlas sur lequel repose mon petit royaume », déclare-t-il.

Le champ de bataille de l'Europe

Diplomate de vocation, le roi fondateur ne peut ignorer pourtant qu'avant d'être un pays en sursis la Belgique, située entre Rhin et mer du Nord, connut de multiples invasions et dominations. Elle fut plus

souvent qu'à son tour le champ de bataille de l'Occident – *The cockpit of Europe* (« l'arène de combats de coqs de l'Europe ») – où les nations rivales venaient vider leurs querelles. Passant et repassant de main en main, dépourvue de frontières naturelles, elle connut une histoire laborieuse et chaotique et s'adapta à tous les changements de régime imposés par les étrangers qui la traitaient tous comme un « pays ami » et faisaient la loi sur son territoire.

État tampon, terre d'annexion, bientôt réduite à une peau de chagrin, enclave minuscule et melting-pot, plaque tournante et carrefour, elle était autant une aire transitoire, de traverse et de passage, aussi vaste qu'un timbre-poste, qu'un pays de discorde et de méfiance pour ses occupants, qui ne parlent pas la même langue et n'ont aucun sentiment d'appartenance commune. Roi de métier, Léopold Ier en est assurément conscient puisqu'il déclare : « L'essentiel, c'est d'être le souverain national de *son* pays et d'aimer jusqu'à ses défauts. »

Tous deux comtes, d'Egmont, « aristocrate généreux » mais « piètre politique », et de Hornes, brillant militaire et loyal serviteur, tinrent tête au gouvernement autoritaire du duc d'Albe – représentant de Philippe II aux Pays-Bas. Ils seront décapités au milieu de la place du Marché, à Bruxelles, le 5 juin 1568. Haussés au rang de justes et de martyrs, ces héros patriotiques sont célébrés par une statue, au Petit-Sablon, d'abord érigée sur la Grand-Place de Bruxelles. Et par ce tableau réalisé par Louis Gallait en 1851 : *Les Derniers Honneurs rendus aux comtes d'Egmont et de Hornes* (à gauche).

Une terre de légendes

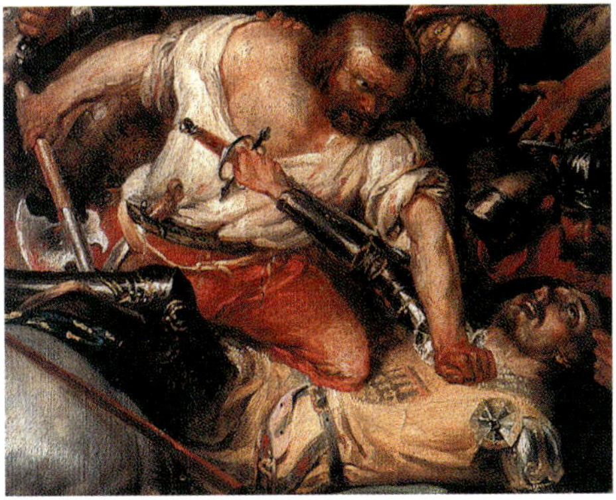

État factice, bricolé par des puissances adverses, considéré comme le manteau d'Arlequin de l'Europe, la Belgique est d'abord une terre de légendes. Et de mythes séculaires qui fondent sa frêle mémoire. Contrée de rêves et de songes, la Flandre flamboie par ses halles et ses beffrois, ses béguinages et ses canaux, ses demeures patriciennes, ses tapisseries, sa dentelle et ses cortèges exubérants. Mais il y a aussi l'hôtel de ville de Bruxelles dont l'aile gauche érigée sur un terrain peu solide s'écroula tout entière. Pensant qu'il s'agissait d'un terrain marneux, on planta des pilotis, l'édifice s'effondra une seconde fois. La légende veut que son architecte – Jan Van Ruisbroeck – se soit suicidé le jour même où l'on posait le bouquet sur le toit achevé.

L'art des grands peintres

Cette contrée est le terreau fertile des génies perfectionnistes issus de l'enluminure et de la miniature qui exhalent un précisionnisme que l'on trouve chez tant d'artistes locaux. À commencer par ce fantastique chroniqueur de la vie ordinaire qu'est Pieter Bruegel. Marqué par l'imaginaire de Jérôme Bosch, génial bricoleur de monstres, d'échafaudages de rêves et de visions surréalistes avant l'heure, Pieter Bruegel l'Ancien, surnommé « le Drôle », chantre de la vie populaire, qu'anime un vent de folie, incarne les absurdes extravagances du « monde renversé » (la mort le saisit tête en bas)

Brabançon d'origine, Pieter Bruegel, aussi dit le Rustique, peint *naer het leven* (« d'après la vie ») les scènes de genre campant des patineurs en hiver ou des villageois en liesse (ci-dessous, *Kermesse flamande*). Il voyage longtemps en Italie et vit dans le quartier des Marolles à Bruxelles dès 1563. Son œuvre, hanté par le surnaturel, la cruauté et la folie, s'ancre dans le terreau flamand. Entre Moyen Âge et Renaissance, il offre une vision cosmique et philosophique d'une Belgique rurale, perçue tel un pays de cocagne.

et brosse sans fard le rustique tableau de mœurs de ce qui n'est encore que « le pays de Belge ».

Ce goût du trivial et des scènes de genre est apparu chez ceux que l'on nomme traditionnellement les « primitifs flamands ». Ce sont en réalité des esthètes racés, à l'art subtil et raffiné. Ainsi Jan Van Eyck, « varlet de chambre » et peintre de cour, qui a pour devise « *Als ick kan* » (« Comme je puis ») et pousse à l'extrême le réalisme notamment dans la description fidèle des visages, au point que l'on peut diagnostiquer de nos jours le mal dont souffrait le prélat de *La Vierge au chanoine Van der Paele* (1436). L'excellence du métier, qu'affine la fascination du concret, se double de stratégies illusionnistes, entre autres par la médiation du trompe-l'œil, dans les œuvres hautement symboliques de Hans Memling, Dierick Bouts, Hugo Van der Goes, le Gantois, tous patronymes bien flamands : comment les prononcer ? Ou de Quentin Metsys, l'Anversois maniériste, dont le célèbre *Changeur et sa femme* (1514) relève du genre des « proverbes », très en vogue au XVIe siècle.

Par la vision de l'espace et la quête de la perspective axée sur le « point de fuite », le monde s'offre dans un espace clos grâce à une fenêtre ouvrant sur un paysage que contemplent deux figures minuscules. L'image dans l'image perpétue la tradition de l'illusionnisme pictural dont les peintres du Nord sont les maîtres à l'instar de Jan Van Eyck dans *La Vierge au chancelier Rolin* (v. 1435 ; ci-dessus, détail). Conçue comme une cité idéale, la ville au fond du tableau a été tour à tour identifiée avec Maastricht, Liège, Gand, Bruges, Lyon, Prague et Genève.

Virtuose érudit, Van Eyck porte à son plus haut point de perfection la peinture à l'huile qu'il n'a pourtant pas inventée, comme on le dit. Son sens aigu de l'observation resplendit dans cette scène de genre qui est autant un double portrait qu'un tableau de mariage (ci-contre, *Les Èpoux Arnolfini*). Garant de la cérémonie, le miroir convexe rivé tel un œil géant au centre de la pièce réfléchit l'espace extérieur et surprend sur le pas de la porte le peintre et son assistant mués ainsi en témoins de l'événement. Ce qu'atteste l'inscription reproduite au-dessus du miroir : *Johannes de Eyck fuit hic, 1434.*

Multipliant les niveaux de médiation, le goût flamand pour le trompe-l'œil se retrouve dans *Le Changeur et sa femme* de Quentin Metsys (1515 ; page de gauche) qui décline un procédé identique. Et grave sur le cadre du tableau la maniériste sentence : « Que les balances soient justes et les poids égaux. » Confrontant l'assaut des richesses aux valeurs spirituelles, ce précepte moral vaut aussi pour Anvers qui succède à Bruges après l'ensablement du Zwin.

L'empire de Charles Quint

Décrit comme un pays de cocagne, l'État nouveau-né que régit Léopold ne fut longtemps que le « pays de par-deçà » ou « d'en bas », appartenant à un vaste ensemble de duchés, de comtés et de principautés, désigné sous le nom de Dix-Sept Provinces. Cet empire morcelé, patchwork bigarré ou commune patrie, qui est le centre incontesté de l'économie internationale, rayonne sous l'absolutisme éclairé de Charles Quint, né à Gand en 1500, polyglotte parlant le flamand. Menton en galoche, mâchoire tombante, regard de bovidé, il est éternisé dans son armure d'apparat par Titien, en 1533, alors qu'il est l'homme le plus influent du monde. Son autorité repose sur la maîtrise de territoires répartis sur toute la surface du globe aussi bien que sur des parcelles menues qui ont chacunes leurs us et coutumes, leurs particularités inconciliables.

Soiffard et ripailleur, qui festoyait de pâtés, que piochaient ses doigts gourds, et bâfrait sans mâcher, asthmatique et quinteux, souffrant d'hémorroïdes, d'épilepsie et de goutte – comme Rubens qui éternisera aussi l'empereur dans sa gloire posthume,

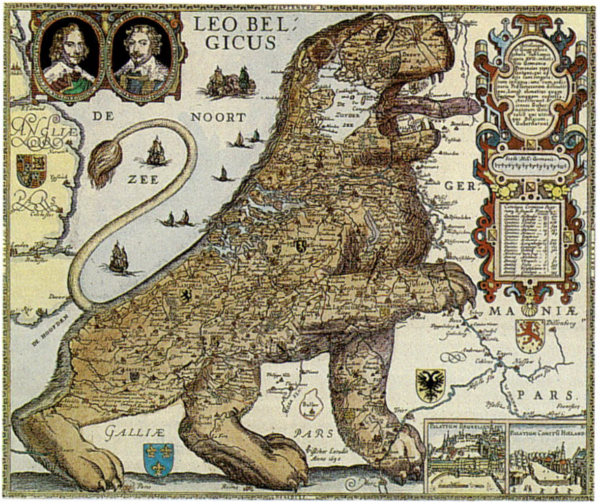

Accident ou nécessité de l'Histoire ? Bien avant sa naissance, la Belgique est un pays carrefour, une contrée charnière en Occident, que régente en maître absolu Charles Quint, souverain des provinces de la Hollande et roi d'Espagne. Sous le nom des Dix-Sept Provinces sont regroupés les duchés de Brabant, de Limbourg, de Luxembourg et de Gueldre, les comtés de Flandre, d'Artois, de Hainaut, de Namur, de Hollande, de Zélande et de Zutphen, le marquisat d'Anvers, les seigneuries de Frise, Malines, d'Utrecht, d'Overijssel et de Groningue. Elles forment en 1548 le Cercle de Bourgogne qui les dote d'une administration centralisée. Emblème de puissance, de force et de courage, le lion rugissant symbolise alors la souveraineté d'un empire qui s'étend de Dijon à la Frise. Mais qui donne plutôt l'impression d'une identité multiple que d'une « commune patrie » unie par un seul et même sentiment national. Ce caractère embryonnaire mine le royaume bien avant sa création et resurgit cinq siècles plus tard dans la configuration adoptée par ce pays à la cohésion incertaine, morcelé par pans épars dès son origine (ci-contre, le *Leo Belgicus* de Visscher, 1560).

Charles Quint, au faîte de sa toute-puissance politique, abdique à 55 ans, usé par la vie. Celui qui régna sur l'une des cours les plus fastes d'Europe, où l'on se vêt de noir, après avoir répété ses funérailles, se retire au monastère de Yuste, en Estrémadure.

Sous son règne prospère, les provinces de Flandre et de Brabant comptent, avec celle de Hollande, parmi les plus développées sur les plans économique, intellectuel et artistique. Et leur florissante fortune sera bénéfique à l'heure de créer la nation belge.

Les maîtres humanistes

« Je souhaite être un citoyen du monde, appartenir à tous, ou plutôt être un étranger pour tous », écrit à l'apogée de sa vie Érasme de Rotterdam. Ce fils illégitime d'un prélat, libre d'esprit, sans attache et sans biens, prêche la tolérance – vertu moderne – et pense que l'homme est le maître de son propre univers. Semeur de doutes qui condamne la guerre et raille les théologiens, il échappe à toutes les classifications. Polygraphe fécond, travailleur acharné malgré une santé précaire, celui que l'on surnomme « le Prince des humanistes » rédige en quelques jours,

Souverain d'un empire sur lequel « le soleil ne se couche jamais », Charles Quint, dont la ténacité est à la mesure de la laideur, trône au panthéon des héros belges d'avant 1830.

et à cheval, son *Éloge de la folie* (1511). Conseiller de Charles Quint, aussi loué que blâmé, Érasme s'installe pendant l'été de 1521 dans le bourg d'Anderlecht qui ne compte que trois cents habitants, maraîchers pour la plupart, et achève pieusement à Bâle, en 1536, son existence solitaire, sans s'être fixé nulle part.

Établi à Anvers à l'enseigne du Compas d'or, l'imprimeur Plantin, esprit curieux et entreprenant, ne fraye qu'avec des érasmiens, réalise une bible polyglotte, des atlas, des traités anatomiques ainsi que des ouvrages de géographie. Réfugié à Leyde, centre du calvinisme hollandais, il y croise peut-être Rembert Dodoens, botaniste malinois, qui n'a point d'ennuis avec son pays natal et compose en 1544 une histoire révolutionnaire des plantes, qu'il classe non plus par ordre alphabétique, mais d'après leurs propriétés et usages.

Mercator, natif de Rupelmonde, passe lui aussi quarante ans de sa vie en exil. Fondateur de la géographie mathématique et cosmographe éminent, il met trois ans à préparer sa *Description exacte des Flandres* (1540) et conçoit des instruments de

« Ôtez le masque de Silène, et vous trouverez le contraire de ce que vous avez vu », dit Érasme dont tout l'œuvre est mis à l'index, sauf *L'Éloge de la folie*. Posant de profil, à gauche), il maintient que l'homme est libre de choisir entre le bien et le mal et que la folie est « la source de toute vie et de la joie de vivre ».

D'origine française, Christophe Plantin (ci-dessus, à droite) renonce par accident au métier de relieur pour l'imprimerie. Malgré une vie mouvementée, il publie en trente-quatre ans plus de 1500 ouvrages admirables sur ses seize presses en action qui en font un des premiers grands imprimeurs industriels.

précision (mappemondes, astrolabes, globes). Sachant que « la vérité d'un homme est toujours introuvable », il établit un planisphère à l'usage des navigateurs qui disposent désormais de cartes côtières mais aussi d'une vision nouvelle de la planète tout entière.

Philosophe, arpenteur, historien, magicien, calligraphe et graveur, Mercator se figure, sur ce portrait officiel où le cartographe est âgé de 62 ans (ci-dessus, à gauche), comme un homme en quête de sens, visant à accroître la compréhension du monde qui nous entoure.

Le divin Vésale

Quel destin extraordinaire que celui d'André Vésale né le 31 décembre 1514 ou le 1er janvier 1515, ruelle de l'Enfer, dans le quartier bruxellois des Minimes, derrière le futur palais de justice. Héritier d'une lignée d'apothicaires, impressionné dès l'enfance par les gibets du Galgenberg, il se passionne pour l'anatomie, passe par Louvain (où on l'enseigne de travers) et Paris (où il déterre la nuit des corps au cimetière des Innocents), avant de partir à Padoue où il obtient à 25 ans la chaire de chirurgie et d'anatomie. Artiste et savant, il réfute les théories boiteuses de Galien, médecin des gladiateurs, qui confond l'homme et le babouin, affirme la primauté de l'observation (« Autopsier, c'est voir soi-même ») et bouleverse la vie scientifique de son temps en publiant en 1543 *La Fabrique du corps humain* chez

Fondateur de l'anatomie moderne, Vésale est un des premiers à disséquer lui-même. Dans ce possible autoportrait au miroir (à droite), il se présente, richement vêtu, à 28 ans, le scalpel à la main, taillant un bras de femme – matériel humain délectable – et prônant avec art l'irremplaçable unité du savoir et de la pratique.

l'éditeur *Des révolutions des sphères célestes* de Nicolas Copernic. Médecin en 1544 de Charles Quint, qui en a bien besoin, il est condamné à mort par l'Inquisition pour avoir exercé la dissection sur des vivants. Martyr de la vérité, novateur intrépide, génie sans patrie, exilé bien avant que la Belgique n'existât, jalousé, plagié, pillé, honni, il achève sa vie de découpeur de cadavres sur l'île grecque de Zante où s'échoue son bateau lors d'un pèlerinage en Terre sainte. Mort en 1564, André Vésale, précurseur de l'anatomie moderne, est une splendide figure de la Renaissance.

Le génie de Rubens

Né en 1577, à Siegen, en Westphalie, Pierre Paul Rubens arrive à 10 ans à Anvers qui est alors l'une des plus grandes villes du monde et un centre artistique de haut niveau. Secret et flamboyant, sensuel et pieux, aussi ambitieux qu'érudit, courtisan habile, diplomate avisé, cavalier intrépide, collectionneur avide, et avant tout débordant de vie, il défie le succès par l'exubérance baroque de ses toiles. À l'opulence orgiaque des femmes et des mâles à l'athlétique membrure répondent l'embrasement luxuriant des motifs, la surenchère des tons – y compris le violet, teinte rare ! –, la plénitude des formes, la turbulence du mouvement, la magnificence des vêtements.

Peintre des sensations tactiles qu'émoustille l'épanouissement de la chair, Rubens a 31 ans et Isabelle Brant, 19, lorsqu'il peint ce luxuriant portrait de mariage, en 1610. Isabelle décédera de la peste après 17 ans d'un bonheur sans nuages. Rubens se remarie quatre ans plus tard avec « la plus belle femme d'Anvers », Hélène Fourment, âgée de 17 ans. Ils couleront des jours heureux dans la spacieuse demeure (vingt-cinq pièces), bâtie selon ses plans, sur le Wapper, à la fois logis privé et atelier géant (à gauche).

Le théâtre de sa peinture se déploie en tous domaines, du tableau religieux au paysage, du vitrail à la tapisserie, de la fable mystique à l'allégorie politique, excepté la nature morte (l'inanimé ne l'intéresse pas). Féru d'ésotérisme, accablé de commandes, ami de Velázquez et des Jésuites, le Shakespeare flamand, peintre de cour, exempté d'impôts, bourgeois anobli parlant six langues, confie à une nuée d'assistants (Jordaens, Snyders, Teniers, Van Dyck) le soin de parfaire les quelque deux mille œuvres que produit en trente-deux ans son atelier, véritable usine à peindre. Artiste de l'excès, d'une prodigieuse fécondité (son style, c'est la diversité), il invente à sa façon le concept d'art total. C'est à Anvers tombée en décadence que s'éteint en 1640, d'une crise cardiaque, ce génie de la peinture occidentale qui se sentait partout chez lui et considérait le « monde entier » comme son pays.

Anvers est à l'apogée de son rayonnement quand y resplendit Rubens. Le grand baroque septentrional y tient un cabinet d'art où s'empilent ses multiples collections dont fait partie ce tableau de Willem Van Haecht. Au fond, à droite, y apparaît la reproduction d'une œuvre perdue, vraisemblablement de Jan Van Eyck. Vantant le luxe et l'opulence, cette composition est une brillante illustration du proverbe flamand : « Le monde est une meule de foin ; chacun en attrape ce qu'il peut. »

La prospérité va bon train

Mais revenons au présent. Dès 1834, la prospérité grandissante conforte la santé du royaume. Et avant tout autre État du continent, la Belgique se dote d'une ligne de chemin de fer. Elle relie Bruxelles et Malines à la vitesse infernale de 30 kilomètres à l'heure. Le 5 mai 1835, par un temps radieux, s'élance de l'allée Verte la locomotive *La Flèche* qui tracte des wagons piqués de fanions noir, jaune, rouge. Un député avertit ses honorables confrères que le lait transporté par chemin de fer arrivera à destination à l'état de... beurre. Et que les œufs seront réduits en omelette. Et, de fait, la locomotive, emportée par son élan et l'entrain du chauffeur, dépasse le point d'arrêt et défonce la baraque des receveurs.

L'industrie se développe. On découvre le chicon – l'endive locale – dans les serres

Pendant le règne de Léopold Ier, la Belgique extrait plus de charbon que l'Allemagne ou la France. Le pays s'enrichit par l'essor du commerce extérieur. Mais le développement de l'industrie (comme ici, ces fonderies) renforce surtout la bourgeoisie. Et conforte le fâcheux penchant du Belge à se croire issu d'une nation de boutiquiers.

Longues de 213 mètres et par miracle encore intactes, les galeries royales Saint-Hubert (ci-contre) regroupent en fait trois galeries (de la Reine, du Roi, du Prince). C'est le premier exemple d'une architecture bruxelloise mêlant le verre et le métal.

du Jardin botanique, le Dinantais Adolphe Sax invente le saxophone entre 1840 et 1843, Adolphe Quételet trouve les statistiques par rapprochement mathématique en 1853. Le théâtre de la Monnaie est détruit par un incendie en 1855 (n'en subsistent que les façades extérieures). Les galeries Saint-Hubert (« parapluie de Bruxelles ») sont inaugurées le 20 juin 1847. En 1863 roule la première auto belge et on crée une nouvelle version de *La Brabançonne* en 1860. L'avenue Louise naît en 1864.

Craignant la fermeture des communications de la Belgique avec la mer du Nord par l'Escaut, on remplace les moyens de transport fluvial par les voies ferroviaires. Le tronçon Bruxelles-Malines, inauguré dans une liesse indescriptible (ci-contre), n'est que le premier fragment d'un ensemble conçu pour joindre la Rhénanie à Ostende, et la Hollande à la France. Devenus un produit d'avant-garde 100 % belge, les chemins de fer assureront en partie l'avenir économique du pays.

« La Belgique, repliée sur elle-même, est une chaudière sans soupape », dit Léopold Ier. Mais il guide son pays vers l'équilibre et la modernité. Les Belges, amis du progrès, croient à un avenir pour la première fois de leur histoire.

Wiertz le titan

Cette contrée profondément divisée ne manque pas de grands hommes. Bien au contraire, comme en témoigne Antoine Wiertz. Ce fils d'un gendarme, émule délirant de Michel-Ange et de Rubens, n'est pas un imitateur ou un suiveur des maîtres français. Peintre déraisonnable, rebelle au pondéré, il est

Wiertz, perché sur un échafaudage, barbouille pour la gloire des turbins colossaux, de géante dimension. Son art énorme, démesuré (ici, *Les Grecs et les Troyens se disputant le corps de Patrocle,* 1835) porte à son paroxysme l'art emphatique des néo-classiques Gustave Wappers, Louis Gallait et François-Joseph Navez.

atteint de « gigantomachie » et brosse à coups de pinceaux furieux d'imposantes fresques lyrico-hystérico-épico-titanesques et mégalomaniaques. Dès 1840 – la Belgique a 10 ans –, il préconise que Bruxelles soit la capitale du monde et que Paris, où il a récolté une volée de bois vert, ne soit qu'une

ville de province. Visionnaire génial, Wiertz s'échine sur ses gigantesqueries creuses aux titres aussi ronflants que déments. Dans un pays qui n'a aucun sens de la gloire, il se fait ériger aux frais de l'État un atelier grandiose (et admirable) qui deviendra son musée. Dans ce temple de la démesure, on peut frissonner de rire ou d'effroi devant *L'Inhumation précipitée* (1854) ou *Le Soufflet d'une dame belge* (1861). Et autres toiles aux dimensions colossales, inversement proportionnelles à la taille du pays. Plus belge de cœur que n'importe quel Belge, celui qui se voulait l'Homère de la peinture rend les armes à 59 ans.

Précurseur du symbolisme, voire du surréalisme, Wiertz, peintre de l'excès, marie l'érotisme et le macabre dans *La Belle Rosine* (1847) qui n'est pas la plantureuse égérie mais son squelette. Cette figure belge obsessive et récurrente se retrouve chez Rops, Ensor et Delvaux, tant influencé qu'il peignit la porte du musée Wiertz dans une huile sur bois en 1922.

« Arrière la raison ! arrière la sagesse, de tous les temps ! Pyramides, temples, statues ! Jupiter de Phidias ! Coupole de Michel-Ange ! Vous tous, chefs-d'œuvre immortels, à qui devez-vous le jour ? Est-ce à la froide raison ? est-ce à la timide sagesse ? Non. C'est à l'enthousiasme, c'est à l'audace, c'est à l'orgueil, c'est à l'exaltation, c'est à l'héroïsme, c'est à l'amour de la gloire. Allons, Bruxelles ! lève-toi ; deviens la capitale du monde et que Paris, pour toi, ne soit qu'une ville de province », écrit Wiertz. L'avenir lui a donné raison. Son musée est à deux pas du siège ultramoderne du parlement des Communautés européennes.

ANGLETERRE
PAYS-BAS
ALLEMAGNE
FRANCE
LUXEMBOURG
Ostende
Bruges
FLANDRE OCCIDENTALE
Roulers
Courtrai
FLANDRE ORIENTALE
Gand
Saint-Nicolas
Anvers
ANVERS
Malines
LIMBOURG
Hasselt
Alost
Louvain
FLANDRES
Bruxelles
BRABANT
HAINAUT
Nivelles
Herstal
Liège
Seraing
Verviers
Huy
LIÈGE
Mons
Charleroi
Namur
WALLONIE
NAMUR
LUXEMBOURG
Arlon
0
50 km

« L'union fait la force »

La petite Belgique rêve d'être un État qui compte un jour parmi les plus riches d'Occident. Fondateur de la dynastie, le roi veille à l'égalité des citoyens. Ce n'est point chose aisée. Au combat idéologique entre catholiques et libéraux s'ajoute l'union mal assortie des Flamands et des Wallons réunis artificiellement. Les Wallons auraient voulu l'indépendance, pour se rattacher à la France. Les Flamands, traités en parias, se sentent en terre étrangère sur le sol de Belgique. La question sociale et surtout la question linguistique connaissent sous l'égide de Léopold Ier leur première expression. Il faut dire que la Constitution nationale est rédigée uniquement en français, « langue d'élite et langue du projet national ». Elle ne sera traduite en néerlandais (le flamand restant considéré comme « un patois » de la langue des Pays-Bas) qu'en... 1967.

En attendant, dans cet État né de l'effort conjoint des libéraux (parti fondé en 1846) et des catholiques (parti formellement structuré en 1884) – ce qu'on appelle l'unionisme –, l'esprit de clocher tient lieu de ralliement général, sentiment commun insuffisant pour assurer l'unité nationale. Des querelles intestines risquent déjà de compromettre l'intégrité du royaume. Et en 1859, après vingt-huit ans de règne, Léopold Ier, dépité, constate : « La Belgique n'a pas de nationalité et, vu le caractère de ses habitants, ne pourra jamais en avoir. »

Îlot de tranquillité, certes, et de stabilité politique, la Belgique, est un pays à deux faces comme Janus. Elle se compose de deux « races », de deux « peuples » distincts, et de deux langues sans affinités entre elles. Elle souffre de n'avoir aucune langue propre, ciment indispensble d'une nation. Symbole de l'unité du royaume, le souverain reste confiant : « Qu'une seule pensée anime tous les Belges, celle d'une franche et sincère union », souhaite-t-il, conciliant. Mais, le 10 décembre 1865 à 11 h 45, après trente-quatre ans de règne et une lutte de trois ans contre la maladie, le premier roi des Belges s'éteint au château de Laeken.

En 1847, la Belgique, est la seule nation européenne qui n'a pas encore de carte acceptable de son territoire. Elle n'en aura qu'en 1866. C'est ce qu'évoque *Le Géographe* (1871 ; en haut, à gauche) de Henri De Braekeleer, personnalité puissante, qui campe d'une pâte onctueuse l'artisan guettant les traces du passé dans un atlas du XVIe siècle. Par l'éclat doré de la lumière et un sens aigu du détail, ce tableau fait bien sûr penser à Vermeer de Delft ou à Pieter de Hooch. Ci-dessus, monnaie (et devise) du nouveau royaume.

Bruxelles, qui marque topographiquement la séparation des parties nord (Flandres) et sud (Wallonie) de la Belgique (en bas, à gauche, vers 1865), est la capitale d'un pays créé de toutes pièces par les grandes nations voisines (Angleterre, Hollande, Allemagne et France) qui se regardent en chiens de faïence et lorgnent ce lopin de terre qui leur servit de champ de bataille.

« Il faut à la Belgique une colonie », clame Léopold II qui a l'air d'un salsifis. Et qui réalise le rêve de grandeur de son père en dotant son royaume, si souvent menacé d'annexion, mais terre d'asile des fins lettrés, d'un empire qui équivaut à quatre-vingts fois la surface de son minuscule territoire.

CHAPITRE 2

LA GRANDE VICTOIRE DES « PETITS BELGES » (1865-1900)

L'éléphant (à gauche, peint par Évelyne Axell en 1972) incarne bien la démesure du continent africain pour le Belge qu'étreint un sentiment d'infériorité résultant des dominations successives et de l'exiguïté d'un territoire national, que Léopold II aère et embellit, comme, ici, à Bruxelles, la rue de la Régence menant au palais de justice, pachyderme urbain.

L'avènement de Léopold II

Léopold II a 30 ans lorsqu'il succède à son père. Le peuple en liesse acclame ce « premier roi des Belges à qui la Belgique a donné le jour ». La lune de miel sera de courte durée. L'un voit grand, l'autre petit. « Un géant dans un entresol », disent les étrangers de cette asperge au nez immense, à la barbe brune florissante, aux cheveux brossés sur le côté, à la mode autrichienne, qui respire mal et traîne un peu la patte, ce qui suscite la moquerie.

Esprit pratique et rationnel, autoritaire et ambitieux, Léopold II se pique de grandeur et d'extension. Sûr de ses qualités de créateur et d'organisateur, il poursuit la politique de son père, qui n'a pu mener à bien son désir d'expansion. Et s'est livré – cela se sait peu – à quelque cinquante tentatives de colonisation. Sans doute était-ce un peu trop tôt. Le rêve fou d'agrandissement n'a que trop tardé. « L'univers va devenir exigu », prédit Léopold II aux petits Belges qui voient d'un mauvais œil ce souverain qui feint la modestie mais parle de lui à la troisième personne, qui considère plutôt les hommes politiques comme des gêneurs et n'aime pas plus son épouse que son père ne chérissait la sienne. De tempérament absolu, il veut repousser les limites de ce territoire étriqué. Peu lui chaut d'être impopulaire. Hautain et incompris, il va doter son royaume d'un empire qui le hissera au rang de grande puissance coloniale.

Libéraux et socialistes anticolonialistes critiquent la politique au Congo. Ici, une caricature de 1906 : « Dans les anneaux du caoutchouc ».

La colonisation du Congo

Voici le moment venu de s'étendre au-dehors. Posant son regard perçant sur le continent noir encore mal connu, Léopold II décide de « planter l'étendard de la civilisation sur le sol de l'Afrique centrale ». Ayant appris que le journaliste anglo-américain Henry Morton Stanley, parti à la recherche du missionnaire écossais Livingstone, a traversé l'Afrique de part en part, il le convainc, non sans mal, d'occuper (pour lui) le Congo. Et d'en prendre ainsi possession (au nom de l'Association internationale africaine qu'il a fondée), puisque

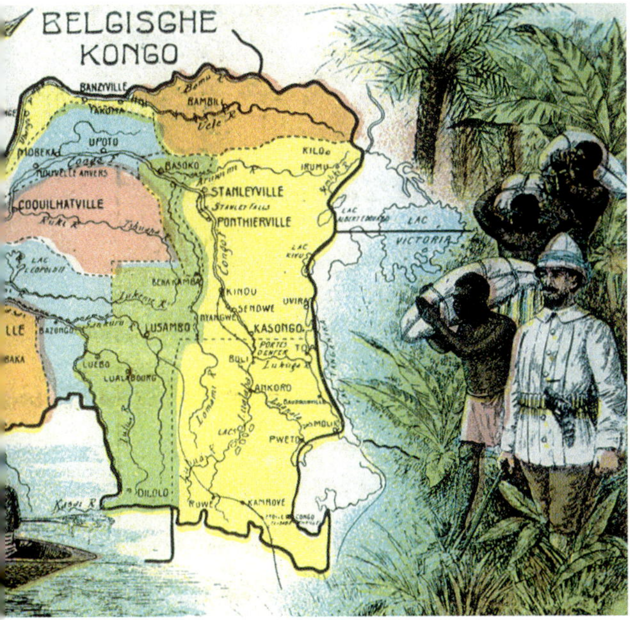

Don Quichotte, aventurier sans scrupule ou flibustier moderne, Stanley, l'explorateur (ci-contre, sur cette carte du Congo), fonde Léopoldville et découvre... le lac Léopold II. Le jeune monarque (ci-dessous, en 1865) mise tout sur sa colonie. Sa fortune y passe. Le train de vie au palais est réduit au strict minimum. Le roi, dit-on, use ses uniformes jusqu'à la corde. « Il finira par devenir fou avec son Congo », murmurent les familiers.

tout pays neuf appartient d'abord au premier occupant. Stanley s'exécute promptement. « L'affaire est dans le sac ! » comme dit familièrement le souverain qui s'arroge à titre privé un empire taillé sur mesure tel un diamant qui, comme d'autres matières premières (or, cuivre, ivoire, bois, caoutchouc, uranium), regorge sur ce vaste territoire de 2 345 000 kilomètres carrés.

« Tous au Congo ! » est alors le maître mot. Après des siècles d'allégeance, les braves « petits Belges » entreprennent d'abolir l'esclavage, prudemment surnommé le « commerce du bois d'ébène », et d'affranchir du cannibalisme les deux cent cinquante tribus indigènes qu'évangélisent les bons missionnaires.

Devenu la pompe à finances de la Belgique, seule possession que le pays aura jamais, le Congo lui permettra de surmonter toutes les crises économiques. Deux campagnes menées en 1879 et 1883 suffiront à tailler un empire. Mais l'aventure africaine comporte maints abus. Les indigènes sont contraints au travail forcé alors que le grand dessein colonial est en principe de stopper l'odieux trafic des esclaves. L'exploitation d'un trésor minier unique (page de gauche, travail dans les mines) – dont l'or véritable filon – et de l'ivoire, la création de routes, l'alphabétisation et l'évangélisation des populations « en proie au cannibalisme » par les « bons » missionnaires (ci-contre, en haut) aident ce vaste territoire à accéder au progrès et au confort de « la civilisation ». Ci-contre, un colon belge pose devant sa récolte de bananes apportée devant sa case où flotte le drapeau belge.

Mère patrie du Congo, « précieuse vache à lait », la Belgique devient du jour au lendemain une puissance coloniale (et impérialiste) de première grandeur. Reconnu souverain-propriétaire de l'État indépendant du Congo en 1885, le « Roi-Caoutchouc », aussi traité parfois de « coupeur de mains », le léguera par testament (contre un prêt de 25 millions) à son pays bien-aimé en 1890.

Aussi brocardé que Louis-Philippe, Guillaume II ou la reine Victoria, Léopold II a l'air d'un échalas. Roi des Belges et des belles, à la barbe en éventail, le monarque mal-aimé voit grand. On lui doit la transformation de la capitale (ci-dessous, l'avenue Louise).

Le plus drôle est que le monarque, confiné dans son château de Laeken, qu'il agrémente de serres abritant ses collections de plantes tropicales, n'a jamais mis les pieds dans ce royaume exotique qui va devenir un élément crucial de la cohésion nationale.

« L'art du dehors »

Le « Roi impérial », qu'anime la passion du grandiose, se soucie aussi de changer les conditions de vie dans la capitale, où il n'y a pas un brin d'herbe à son avènement. « Le pays de Rubens doit être grand par l'art comme par le commerce et l'industrie. Et le premier art est celui qui s'offre à tous : c'est l'art du dehors », déclare-t-il. Offrir à Bruxelles de l'air et de l'étendue pour lui conférer l'aspect d'une capitale est une priorité du monarque qui investit une partie de sa fortune dans l'embellissement de la ville.

Aimant les fleurs, il plante des arbres et offre aux citadins de jouir de la campagne sans avoir à se déplacer. Le bois de la Cambre se transmue en un parc élégant où on se rend en fiacre, à cheval ou à pied, par l'avenue Louise qui remplace l'allée Verte d'où s'élança le premier train et qui est une des plus belles artères d'Europe. Le parc de Woluwé, le parc Josaphat, à Schaerbeek, le parc de Forest, qu'il veut unir au parc Duden, le parc public de Laeken, tout comme la terrasse du Jardin botanique, le jardin du Roi, près de l'abbaye de la Cambre qu'il sauve de la destruction, et enfin le parc du Cinquantenaire, créé dès 1875, sont autant d'espaces verts dont profitent les citoyens.

« Une grande ville a besoin d'air et d'espace », assène le souverain qui fait percer la rue de la Loi, trace de larges artères et des boulevards, de vastes perspectives, des esplanades comme la place Royale et d'amples avenues comme celle de Tervueren, non loin du Cinquantenaire, qui relie l'est à l'ouest de Bruxelles. Et où s'érigent à ses frais les monumentales arcades prévues pour le cinquantième anniversaire de l'Indépendance en 1880.

Haut de 45 mètres, large de 60 et profond de 20, l'arc du Cinquantenaire (ci-dessus) fut élevé en dix-huit mois, de 1904 à 1905, par le Français Charles Girault, architecte du Petit Palais, à Paris, dont s'était entiché le monarque. Et sur sa cassette privée, Léopold II confie aussi à Girault la réalisation du chalet royal à Ostende et l'édification à Tervueren du musée du Congo, érigé à la gloire de la conquête coloniale.

La folie des grandeurs

Roi urbaniste autant que roi bâtisseur, Léopold II mue la cité provinciale en belle et riche capitale. L'architecture étant à ses yeux « une manière de souveraineté s'exerçant dans l'espace et s'exprimant en pierre », celui qu'on surnomme « le Géant » embellit la place de Brouckère, ornée de parterres et de deux fontaines (aujourd'hui démontées). Il favorise en 1873 l'achèvement de la monumentale Bourse de Léon Suys, à laquelle concourt Auguste Rodin, arrivé en 1871 (« C'est la Belgique qui m'a tout appris sur la lumière »), mais aussi la construction du musée d'Art ancien, rue de la Régence, de la Grand-Poste, des casernes d'Etterbeek, du square du Petit-Sablon, l'ancien mont des Arts (démoli depuis). Et même dans le parc du Cinquantenaire, du pavillon des Passions humaines (1889), tabernacle de « tous les vices », temple de la dépravation, conçu par le sculpteur Jef Lambeaux – que Jean Delville traita de « Michel-Ange du ruisseau », de « maçonneur d'étreintes », et pis, de « Wiertz de la cérébralité ».

Sur 26000 mètres carrés, à l'emplacement des gibets de Galgenberg qui ébranlèrent tant Vésale, se dresse un « mammouth sur une cour de ferme ». Monument titanesque et piranésien, le palais de justice (ci-dessous), comptait à l'origine 27 salles d'audience, 245 salles secondaires, une salle des pas perdus de 3600 mètres carrés, et un porche d'entrée de 42 mètres. « Pourquoi le palais de justice est-il immense ? Parce que la justice belge est universelle ! » rétorque-t-on alors dans un bel élan de foi naïvement patriotique.

Serti dans un pavillon bâti par Horta dont même la façade fut murée, le haut-relief licencieux ne fut longtemps visible que par un trou de serrure et est désormais enfin accessible au public. Innovateur et prévoyant, d'une invincible ténacité, Léopold II embellit de même les villes de province. L'extraordinaire gare d'Anvers lui est due comme l'extension du port, la création de celui de Zeebrugge, et l'érection du barrage de la Gileppe, surmonté d'un lion qui symbolise l'énergie des Belges.

Calquée sur la colonne Vendôme, la colonne du Congrès, érigée par Poelaert, dont l'édification dura neuf ans, mesure 25 mètres de haut. Elle est surmontée par une statue en bronze de 4 mètres, à peine distinguable, figurant le premier roi des Belges (ci-dessous).

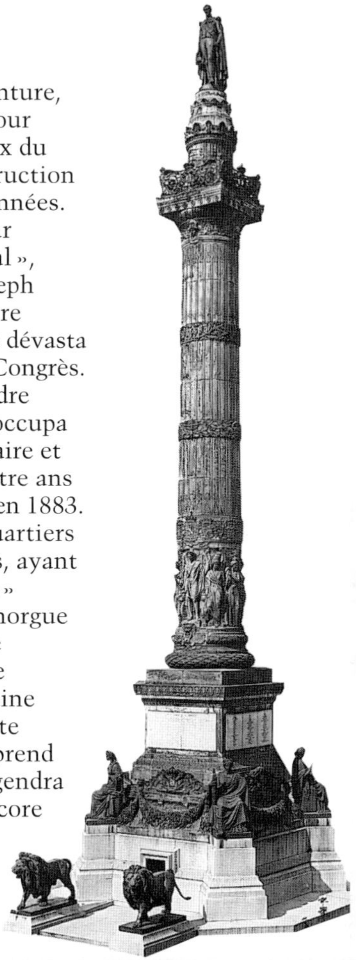

Un mastodonte babylonien

Mené par l'obsession du grand qui n'avait jusqu'alors sévi que dans l'école belge de peinture, Léopold II fait preuve d'un goût immodéré pour le monumental. En 1866 débutent les travaux du palais de justice, qui fut le chantier de construction le plus important d'Europe durant dix-sept années. Ce pachyderme antédiluvien, d'une lourdeur extrême, censé symboliser le « style national », est l'œuvre d'un architecte mégalomane, Joseph Poelaert, qui achève la réédification du théâtre de la Monnaie en 1865 (après l'incendie qui le dévasta dix ans plus tôt) et érige aussi la colonne du Congrès. Censée incarner le triomphe écrasant de l'ordre et de la loi, cette cathédrale de la justice occupa toute sa vie. Poelaert mourut fou, solitaire et incompris en 1879, quatre ans avant son inauguration en 1883. Assis sur les anciens quartiers populaires des Marolles, ayant défiguré la « ville basse » qu'il surplombe de sa morgue austère, ce mastodonte éléphantesque, traité de « babelesque » par Verlaine et que Freud, qui transite par Bruxelles en 1885, prend pour le palais royal, engendra la redoutable injure, encore de mise à présent, de *schieven architect* (« architecte tordu »)!

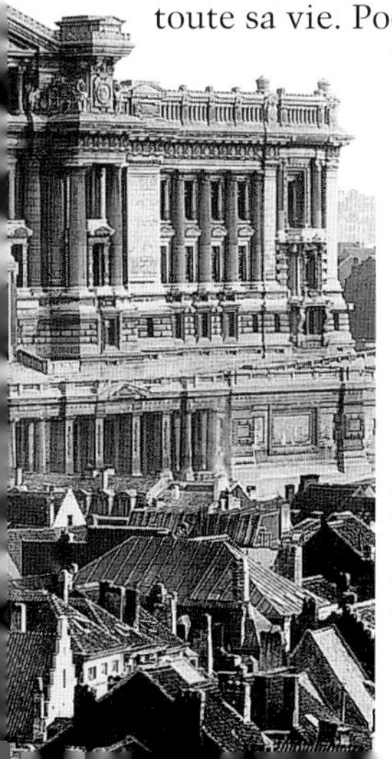

SYNDICATS
MAISON DU PEUPLE
MUTUALITÉS
LIBRAIRIE
JOURNAUX
NOUVEAUTES
VANDENBERGHS LIMITED
SODEX

La Maison du peuple réalisée par Victor Horta à la demande des socialistes, véritable « palais de la lumière », est inaugurée en 1899, en présence de Jean Jaurès. Horta conçoit aussi le palais des Beaux-Arts, actuellement restauré, et la sinistre gare centrale. Avec l'Art nouveau, version belge du Modern Style et du Jugendstil allemand,

aussi appelé style « nouille », la Belgique se pâme devant les étourdissantes sinuosités de Paul Hankar et de Henry Van de Velde, fondateur de la Cambre, mondialement connu, mais ignoré dans son pays natal, qui fête les noces de la peinture, de l'architecture et des arts industriels. S'inspirant du modèle végétal, la ligne s'épanouit en de voluptueux ornements : poignée de porte, luminaire ou rampe d'escalier (ci-dessus, détail d'une porte pour l'hôtel de Solvay réalisé par Horta).

Des progrès quotidiens

La Belgique est aux premiers rangs des puissances industrielles du monde. Elle partage cette place avec les États-Unis jusqu'en 1900. À cette époque, elle est au faîte de sa croissance grâce à son commerce extérieur. En trente-cinq ans, le trafic du port d'Anvers a décuplé. Le niveau de vie ne cesse de monter. Les impôts sont deux fois moins lourds qu'en France ou aux Pays-Bas. Cette prospérité est symbolisée par la Bourse de Léon Suys (ci-dessus,) devant laquelle défilent dès lors toutes les manifestations.

« Le devoir d'un souverain est d'enrichir la nation », déclare l'empereur du Congo, en jouant avec son pince-nez. Sous son règne où l'on passe de la chandelle au pétrole, puis au gaz, la Belgique s'ouvre au progrès. Le niveau de vie s'élève et le volume du commerce extérieur quadruple entre 1850 et 1890. L'« usine belge », comme on dit, tourne à plein régime. L'Europe est inondée de locomotives et de tramways belges. Le groupe Empain crée le métro parisien, le géant de la chimie Solvay construit des dizaines d'usines dans le monde, la Société générale contrôle les mines du Katanga après avoir géré celles du charbon local. Zénobe Gramme, basé à Paris, invente la dynamo industrielle, en 1871, et, en 1888, l'ouvrier gantois Pierre Degeyter compose la musique de *L'Internationale*.

« Une nationalité jeune comme la nôtre doit être hardie, toujours en progrès et confiante en elle-même », martèle le souverain qui tient les rênes de la croissance. Le pays est prospère, la richesse augmente. En 1884 naît le ministère de l'Agriculture. Le Parti ouvrier belge se fonde en 1885 au café du Cygne, sur la Grand-Place de Bruxelles. En 1886, les billets de banque sont imprimés pour la première fois dans les deux langues. Et l'on revendique le suffrage universel en 1894.

Les méfaits du passé

Si la prospérité favorise le développement de la bourgeoisie urbaine, la Belgique accuse un triste retard sur le plan social par rapport aux nations voisines. Les conditions de vie de la classe ouvrière sont désastreuses, les syndicats sont interdits, les grèves (illégales) sont durement réprimées, le repos hebdomadaire n'existe pas. Le chômage augmente, la sous-alimentation sévit, la tuberculose et l'alcoolisme, parents du paupérisme, font des ravages. Dans les foyers pauvres, il n'y a pas d'allumettes, pas

d'eau courante et pas de vitres aux fenêtres. Ce qui motive de 1867 à 1871, le voûtement de la Senne, homonyme puante du fleuve de Paris, qu'infectent 47 kilomètres d'égouts à ciel ouvert.

En Flandre, où l'on s'évertue à croire que seules les rustaudes matrones peuvent, grâce à leur bonne salive, produire du fil solide, on suspend dans les étables des silex censés protéger de la foudre pour que les vaches ne fassent pas de cauchemars. Le Belge, naturellement crédule, croit aux miracles. Mais à la campagne, on ne mange de la viande que le dimanche et un quart de la population vit en 1880 dans une misère absolue. Alors qu'elle fête ses cinquante ans d'existence, la Belgique donnerait-elle raison à Walter Scott, qui nota que la population

Ouvriers et paysans se nourrissent de bouillie de navets, d'épluchures de patates, de viscères de poissons. Cette atterrante pauvreté du prolétariat fait le terreau du socialisme. Chantre des démunis, Eugène Laermans montre le peuple en marche dans *Un soir de grève ou le Drapeau rouge* (1893 ; ci-dessus).

avait « sans exagérer au moins un siècle de retard pour les coutumes et les mœurs » et à Friedrich Engels qui accusait sa bourgeoisie d'être « la plus bête du monde » ?

L'ire de Baudelaire

Charles Baudelaire, à 43 ans, débarque à Bruxelles en 1864, pour fuir ses créanciers et donner des conférences devant un public épars. Gandin décati, traité de fou et d'excentrique, le dandy lunatique qu'émeut la bizarrerie du Beau ne récolte que sarcasme dans cette navrante cité qui sent le savon noir. Fustigeant la sacro-sainte hospitalité des Belges, qui tous « sans exception ont le crâne vide », il pourfend d'un même élan la Senne (« un excrément qui coule »), le roi (« un automate en hôtel garni »), Wiertz (« Qu'est-ce que Bruxelles fera de tout cela après sa mort ? ») et même Rubens (« Un goujat habillé de satin »). N'échappe à sa vindicte que Félicien Rops, son ami, qu'il décrète « aussi haut que la pyramide de Chéops ». C'est en visitant Namur en sa compagnie, qu'à l'église Saint-Loup, « merveille sinistre et galante », qu'il est victime d'une attaque cérébrale en 1866. Emporté par la houle, saisi de

Tourné vers la France, tenu pour « quintessence de la laideur belge », le lion de Waterloo fascine Hugo, qui le croque à la plume en mai 1861, cerné d'orage, « pluie, tonnerre, larges éclairs » (ci-dessous, à côté du poète, photographié à Bruxelles par Maes, en 1862). Un mois plus tard, achevant à ses pieds *Les Misérables*, il écrit : « C'est sur place qu'il décrit la bataille… De son pas large et victorieux, il arpente la plaine… La bataille se recrée, se déroule sous ses yeux… Et tel Homère, il conte l'histoire magnifiée par son imagination ». Au moment où il quitte cette région d'élection où il a séjourné 1 247 jours, Victor Hugo, résident impudent et encombrant, déclare : « La gloire de la Belgique, c'est d'être un asile. Ne lui ôtez pas cette gloire. »

stupeur, il élucubre à demi paralysé, ne profère plus que des jurons (« Crénom ! Nom cré Nom ! Cré-nom ! ! ! »), perd jusqu'à la mémoire de son nom. Hospitalisé rue des Cendres Baudelaire l'admirable,

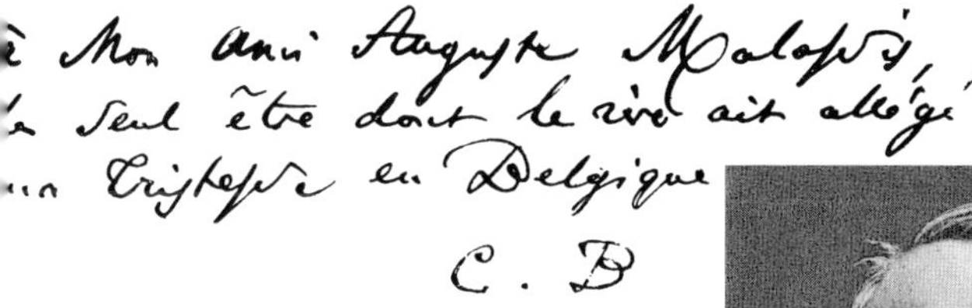

froissé par la brutalité ambiante, détruit par l'opium et la sottise – « irréparable vice », premier mot des *Fleurs du Mal* - est frappé de ramollissement cérébral. Mortellement atteint par ce pays « où l'on ne peut parler de rien », rapatrié en France par sa mère, il s'éteint quatorze mois plus tard après un long calvaire.

Sans affectation ni illusion, drapé dans l'aura du génie, Baudelaire affronte la postérité devant l'objectif de Charles Neyt, à Bruxelles vers 1865. Exilé dans cette aire d'amnésie, contrée-refuge qui altéra sa langue, son style, sa pensée, son phrasé même, le poète dédie son portrait à son éditeur français, ruiné et exilé comme lui en Belgique : « à mon ami Auguste Malassis, le seul être dont le rire ait allégé ma tristesse en Belgique ».

Exilés et proscrits célèbres

Dans ce pays de « dinguerie », où tout ce qui vient de France est à la mode, réside aussi Victor Hugo, qui n'y revient pas moins de quatorze fois et franchit clandestinement la frontière en 1851, muni d'une casquette et d'un faux passeport au nom de Firmin Lanvin. Jouant au misérable, choyé par les notables, le géant des lettres qui se tient pour une « chose publique », mais que la presse locale traite de « marchand de paroles bariolées », ne perd pas son temps. Il gratte tous les matins debout quatre-vingts pages dans son grenier de la Grand-Place, et, plus tard, 4, place des Barricades, salue Manneken-Pis (« Un enfant qui pleut »), s'enrichit, soutient mille liaisons, croque tout ce qu'il voit, paonne en calèche au bois de la Cambre, visite Waterloo, les grottes de Han, la cascade de Coo. Et Alexandre Dumas, traqué par ses créanciers, satrape du pot-au-feu, qui loge au 78, boulevard de Waterloo, où il mène grand

train, offre fêtes et soupers, couche dans trois lits toujours faits, pond vingt romans, dix-neuf drames, et rembourse ainsi les dettes accumulées pendant huit ans à Paris.

Couple équivoque, Paul Verlaine et Arthur Rimbaud, âgé de 19 ans, fuguent en 1873 au « petit pays des Belges » où ils nichent rue des Brasseurs, lampent force stouts et faros, frayent avec les proscrits, ont d'âpres disputes, jusqu'à ce maudit jour où Verlaine achète dans les galeries Saint-Hubert un pistolet 7 mm à six coups qu'il décharge deux fois sur Rimbaud, qui est légèrement blessé au poignet. Peu après, place Rouppe, où broutent les vaches, Verlaine, piètre tireur mais sacré versifieur, est accusé par la police de « tentatiffe d'asacinat » (*sic*), écroué à la prison de Mons où il passe quatre cent quarante-huit jours et compose son fameux vers « Le ciel est par-dessus le toit, si bleu, si calme ». Et où Rimbaud lui laisse un exemplaire dédicacé d'*Une saison en enfer*.

À Ostende, le « Roi impérial » arpente dignement la digue sur son tricycle. Il prend « un bol d'air », en complet noir, petit chapeau rond ou canotier, canne et lorgnon. Ou délasse sur le sable sa silhouette filiforme, révérée des Ostendais (ci-dessus). Reléguant à Spa, l'autre villégiature, sa moitié la reine Marie-Henriette, qui y séjourne quasi toute l'année et fréquente peu Ostende. Où l'on verra par contre la reine Élisabeth (page de droite, en haut), incognito, abritée sous une ombrelle.

La reine des plages

Capitale d'été, Ostende, surnommée « Ville des plaisirs », est une cité balnéaire en vogue fort éloignée du *stinkput* (« puits qui pue ») ou port dépotoir qu'elle était à l'origine. Havre de cure, grâce à son casino, le tout nouveau Kursaal, palais de rêve rebâti en 1878, à son estacade et sa jetée, à l'hippodrome Wellington et aux fastueuses galeries Royales qui longent une digue large de 30 mètres appelée « la promenade de l'Europe », elle compte parmi les stations thermales les plus prisées et concurrence Biarritz ou Monte-Carlo. Y prévalent les bains de mer : les nageurs en caleçon rayé barbotent et batifolent tandis que de lourds canassons mènent dans des cabines – vestiaires roulants, vestiges de la pudeur – les baigneuses en robe de bain que raillent les cartes postales grivoises. À 11 heures – heure élégante – se pavanent et pépient les cocottes à ombrelle comme se pâment au bras des guimbardes emperlousées, des *fashionable ladies*, comtesses laquées et grues aux sourcils émondés, les traîne-guêtres et gommeux flanellés. « Ce sable se muera en or », a dit Léopold le Magnifique de cette côte huppée qui mérite le titre de « Plage des rois ».

Lord Byron, le shah de Perse, Karl Marx et Caruso séjournent à Ostende, haut lieu de résidence où l'on se divertit au tir à l'arc et à la balle pelote (à gauche, une affiche de promotion pour la station). En ce temps où le littoral est encore une région désertique, les estivants, attroupés sur la plage, la digue ou la jetée, peuvent admirer, dressé sur une dune et surmonté du drapeau belge, le chalet royal de celui qui a entièrement redéfini le plan et l'infrastructure de la ville.

Dans *Portrait d'Ensor aux masques* (1899; ci-contre), l'exubérant Ostendais rend hommage à Rubens en se parant de son chapeau fleuri. Il est alors en pleine possession de ses moyens et nargue ceux qui dénient son talent en arborant avec panache la coiffe du grand maître, qui le hausse au rang d'artiste suprême. Seul vivant parmi les faces creuses, il se représente aussi « squelettisé » dans des autoportraits ricanants qui sont des fantaisies macabres rappelant que, quoi qu'on fasse, la mort guette sous le masque, règne et triomphe partout.

Les éructations d'Ensor

James Sidney Ensor naît en 1860 à Ostende (« abominable prurigo d'idiotisme »), qu'il n'a presque jamais quittée et qu'il considère comme le berceau du monde. Les figures du masque et de son corollaire le squelette, le bal du Rat mort et le carnaval hantent dès l'enfance ce personnage complexe et frustré, qui vit entouré de femmes et qu'on surnomme « Compère la Mort » ou « *Zwarte Madame* » (la « Dame en noir »). Hanté par la gloire qu'on lui refuse au point de liquider en 1893 le

fourbi de son atelier qui ne trouve pas acquéreur, déprécié dans sa période réaliste (intérieurs bourgeois, portraits, natures mortes), maltraité dans ses autoportraits (plus de cent), décrié pour ses paysages (Ah ! le ciel de la mer du Nord !) brossés à touches crémeuses, comme pour ses satires acerbes des baudruches locales (juges, médecins, critiques), raillées à jets libidineux, à coups de branlées vibratiles, tapées d'orions et d'aplats papillotants, il enfante avec une fantaisie jubilatoire et vengeresse un monde farouchement contraire aux façons des peintres français. Peuplé de fantasmes et d'allusions érotiques qu'exhalent une fantasmagorie burlesque et un humour macabre, cet univers sarcastique et vitupérant (« Seul l'excès est productif, la modération jamais ») se double des fulgurances d'un verbomane griffu, polémiqueur élucubrant.

À propos des *Bains à Ostende* (1899), Ensor dit : « Mais ce qui frappe le plus l'imagination, c'est la bigarrure des maillots rayés qui s'étalent largement sur les torses étriqués de ces nouveaux éphèbes. Des milliers de touches rouges, bleues, vertes qui s'évanouissent et reparaissent dans la blancheur de l'écume. Vigilants, les sauveteurs n'en perdent aucune de vue [...]. Pour les curieux, c'est la fête, et les lorgnettes sont habiles à découvrir les croupes éloquentes. »

Le réalisme ou la conscience flamande

En 1886, un an après l'acquisition du Congo, la crise économique atteint son paroxysme. Des émeutes éclatent un peu partout. Il faut réglementer le travail des ouvriers, des femmes et des enfants qui triment douze à quatorze heures par jour dans les mines. Les paysans flamands se contentent de « la pluie de Dieu sur les champs de Dieu » (*Gods water over Gods akker*). Les conditions pitoyables de la vie rurale sont évoquées par Hendrik Conscience, ancien jardinier, né à Anvers d'un père francophone, auteur de plus de cent romans populaires, dont *De Leeuw van Vlaanderen* (*Le Lion de Flandre*, 1838), considéré comme l'épopée fondatrice du peuple flamand. *Hij leerde zijn volk lezen* (« Il apprit à lire à son peuple »), dit-on de celui que le roi engage pour enseigner le flamand à ses fils et qui finit conservateur au musée Wiertz, poste réservé aux écrivains consacrés.

Cyriel Buysse, romancier parfaitement bilingue, qui n'écrit qu'en flamand, le tellurique Styn Streuvels, qui s'exprime dans une langue dialectale d'une richesse inouïe, sont les chantres de la conscience flamande avec Guido Gezelle, prêtre poète insoucieux du purisme linguistique, qui déteste le « néerlandais officiel » et écrit dans un dialecte « west-flandrien » raffiné. À ses funérailles en 1899, le glas tinta dans Bruges neuf heures d'affilée durant quatre jours. Les cloches du beffroi avaient déjà sonné avec éclat quand fut signée le 8 août 1898 la loi reconnaissant le néerlandais en tant qu'autre langue officielle de l'État. La patience du peuple flamand était enfin

Paru en 1838, *De Leeuw van Vlaanderen* (*Le Lion de Flandre*; ci-dessus) est tiré à cinq cents exemplaires à peine, et vendu par souscription. Son auteur, Hendrik Conscience, patronyme prédestiné, devient le porte-parole symbolique du peuple flamand. Guido Gezelle (à gauche), polyglotte parlant sept langues, dont le père avait été enrolé de force comme conscrit sous Napoléon, invente une langue sapide et mélodieuse faite d'archaïsmes, de néologismes, d'allitérations, qui paraît suspecte aux yeux de certains Flamands. Conscience et Gezelle sont pour beaucoup dans la définition de l'identité flamande qui est bien antérieure à la fondation du royaume de Belgique.

récompensée. Elle s'affirmera par la fondation dès 1893 de la revue *Van Nu en Straks* (*Aujourd'hui et Demain*) qui prend pour devise : « Nous voulons être flamands pour devenir européens ».

Le présymbolisme du réaliste Laermans se rattache à la tradition picturale de Bruegel. Bien que l'artiste soit né près de Bruxelles, son tableau *La Tempête* (1899 ; ci-dessous), exprime idéalement les tourments et le lyrisme qui agitent ce « peuple illettré », comme on le dit au XIXe siècle.

L'élan de l'« âme belge »

« Soyons nous » est l'emblématique slogan du groupe « Jeune Belgique » réuni, en 1883, autour de Camille Lemonnier, « naturaliste parnassien », tout comme Georges Eekhoud, le Rogue, mordu du lexique, grisé par le verbe, épris d'archaïsmes, qui mène une carrière active de romancier et d'écrivain d'art.

Mentor, phare, éclaireur-pionnier, auteur accompli de plus de soixante-dix ouvrages, pompeusement surnommé « le Maréchal des lettres belges » ou pis, « le Zola belge », Lemonnier est un auteur majeur, doublé d'un esthète curieux, qui déclare : « Nous-mêmes ou périr ; l'ennemi, c'est Paris. »

Et qui s'interroge sur le mystère de « cette âme belge double et une » que prône son ami l'avocat et député Edmond Picard, fondateur de *L'Art moderne* (1881), fieffé remueur d'idées, mécène et hôte généreux, qui commande *Pornokratès* à Rops. Et qui reçoit le monde des arts et des lettres dans son bel hôtel de maître, avenue de la Toison d'Or. Le concept de « l'âme belge », qu'il défend comme celui d'un art littéraire national, ne verra jamais le jour, mais il a le mérite d'exister dans un pays sans tradition littéraire où la littérature est rattachée au ministère de l'Agriculture et où paraissent des ouvrages aux titres aussi biscornus que *Au pays de Manneken-Pis* (1883) de Théodore Hannon ou *Bruxelles rigole* (1883) d'Henri Nizet. En 1890, la population du pays, qui connaît une prospérité économique sans précédent, est passée à 7 millions et demi d'habitants. Et Henri Pirenne, chaud partisan d'une patrie unie, entreprend sa monumentale *Histoire de la Belgique* en sept volumes qu'il achèvera en 1932. Mais cette vitalité soudain débordante, à laquelle contribue aussi la revue *La Wallonie* (1886) d'Albert Mockel, a connu des débuts bien douloureux.

Les mésaventures de Charles De Coster

L'émergence ardue d'une langue belge littéraire originale trouve son point de départ dans le destin tragique de Charles De Coster, qui énonce dès 1847 sa résolution de se dérober « à la réverbération de l'esprit français ». Son chef-d'œuvre sera *La Légende et les Aventures héroïques, joyeuses et glorieuses d'Ulenspiegel et de Lamme Goedzak au pays de Flandres et ailleurs* (1867). Conçu en « vieux français », brassant termes

Auteur des *Légendes flamandes* (1858) et des *Contes brabançons* (1861), Charles De Coster (ci-dessous à 20 ans), ami de Rops et de Wiertz, se réfère à Montaigne et Rabelais, et invente sur un ton carillonnant une langue propre, faussement ancienne qui donne au lecteur l'illusion de remonter le temps. Charles De Coster, soucieux de brosser une fresque de portée universelle, en partant du particulier, témoigne, avec Camille Lemonnier, d'un foisonnement unique dans l'histoire des lettres belges.

De Coster collabore au journal *Uylenspiegel* dont Félicien Rops assure le dessin de couverture (ci-dessus, typographie du titre).

précieux, désuets et rares, argot et patois, idiotismes, archaïsmes et belgicismes mêlés à des noms typiques (Jan Papzak, Josse Grypstuiver, Josse De Kwaebakker), l'auteur, par ailleurs obscur archiviste comme le sera Michel de Ghelderode, tente à coups de brisures syntaxiques, d'audaces stylistiques, de surcharges langagières, de créer un langage poétique originel autant qu'imaginaire.

« Il faut être de son pays en art comme dans la vie », déclare Camille Lemonnier (ci-contre), ardent défenseur d'un art national. Il est le « véritable créateur du roman en Belgique », selon Verhaeren, et surtout un prodigieux inventeur de langue. Edmond Picard (ci-dessous) défend le concept de l'« âme belge », taxé d'« aimable fantaisie pour littérateurs » par Jules Destrée.

Las ! Ce souci de forger une langue propre échappa au public autochtone, qui traita de « capharnaüm pantagruélique » cette fresque échevelée, truculente et haute en couleur, qui coûta dix ans de fiévreux labeur à son prodigue auteur, encore plus mal reçu en France où il n'eut pas droit de cité. Le pauvre et timide De Coster, fort bel homme du reste, ne se remit jamais de l'échec de son livre monumental et s'éteignit aussi démuni que désolé dans sa mansarde à Ixelles, le 7 mai 1879. On érigea en « poète national », mieux, en « père

SPIEGEL

des lettres belges », celui qui le premier se sentit belge. Et l'on sacra « Bible flamande », « Bible nationale », et même « testament d'une race », sa flamboyante épopée, que Camille Lemonnier, conscient de son apport à la littérature universelle, salua avec plus de modération comme « un monument unique d'invention, d'art et de style ».

Au tournant du siècle, le renouveau artistique, marqué par le symbolisme prépondérant tant en littérature qu'en peinture, va de pair avec la prospérité économique. Mais le refus du monde moderne, l'angoisse existentielle, palpables dans les œuvres de Khnopff, Spilliaert, Rodenbach, Verhaeren ou Maeterlinck, qui oscillent aux frontières du réel et de l'irréel, recèlent aussi les prémices d'un écroulement inévitable.

CHAPITRE 3

LE SYMBOLISME OU LA HANTISE DE LA DISPARITION (1900-1935)

Miroir inversé de la conscience, l'eau dormante du passé, symbolisée par la mer, se retire de *Une ville abandonnée* (à gauche) peinte par Fernand Khnopff en 1904. Cette vision onirique de la place Memling, à Bruges, prévient l'invasion des eaux provoquée par le roi Albert Ier, sur le front de l'Yser, pour endiguer l'invasion allemande de 1914 (ci-contre, le souverain devant le front inondé).

“La mer choque ses blocs de flots, contre les rocs / Et les granits du quai, la mer démente, / Tonnante et gémissante, en la tourmente / De ses houles montantes.”
Émile Verhaeren, *Les Flambeaux noirs,* 1888-1889

Né au cœur des Flandres, à Saint-Amand, Verhaeren (ci-contre, par Théo Van Rysselberghe, en 1915), le « génial Flamand », a une culture exclusivement française. Et conçoit tout son œuvre dans cette langue. Il faut faire « souffrir la langue », déclare « le Hugo des Flandres » qui meurt les jambes sectionnées par un train, en gare de Rouen, le 27 novembre 1916.

Les trois géants de Gand

Tous trois étudient au collège jésuite Sainte-Barbe, à Gand, écrivent en français, mais sont d'essence flamande, et s'exilent en France où leur œuvre paraît en totalité. La mort, l'ombre, l'appel de l'inconnu inspirent l'univers métaphorique de ces ténors du symbolisme, « suscitateurs de rêves », qu'émeuvent la fascination de l'informulable et la fécondité des ténèbres. La communion avec le mystère, qu'ancre la passion des mirages, recèle l'âme d'un pays nébuleux, contrée de chimères et de songes, qu'Émile Verhaeren, « carillonneur de la Flandre », selon son ami Stefan Zweig, quitte pour se fixer à Saint-Cloud, en 1899. Laborantin du verbe, ménétrier de la kermesse flamande, il forge à coups d'assonances et de hardiesses lyriques une langue inouïe que ses détracteurs traitent de « baragouin d'apache » ou de « Góngora de village ».

« C'est neuf à faire craquer les habitudes », écrit-il à propos

de la poésie « caméléonante » de Maurice Maeterlinck, le « grand taiseux contemplatif », baptisé « le Shakespeare belge », mais ignoré dans son pays qu'il quitte en 1897. Explorateur des abîmes inconscients, reconnu du jour au lendemain grâce à un article dithyrambique d'Octave Mirbeau dans *Le Figaro* (24 août 1890), Maeterlinck, prix Nobel de littérature en 1911, annonce le théâtre de l'absurde par le statisme et l'inaction de ses pièces, comme *Les Aveugles*, *Intérieur* ou *La Princesse Maleine*, au climat proche du roman-poème *Bruges-la-Morte* (1892) de Georges Rodenbach, tournaisien d'origine, installé à Paris en 1888, qui n'a jamais vécu à Bruges. Mais en féconde le mythe et concourt par son énorme succès à la redécouverte de la « ville endormie », muée désormais en cité-musée happée par le spectre de son passé.

Un monde irréel

L'image de la ville abandonnée, vision éveillée ou autoportrait intériorisé, teinté d'une aura crépusculaire, Bruges, cité bigote, que bercent les ifs, les saules des canaux et les béguines, sœurs des cygnes blancs, d'une pureté d'hostie, tient une place centrale dans l'œuvre mystérieux de Fernand Khnopff, dandy anglophile et clergyman décadent, obsédé par l'ambivalence du désir et de la mort que figurent les sphinges, méduses, Gorgones et autres créatures androgynes qui ont toutes, ou presque,

Fondu d'horticulture, rétif à l'admiration de ses compatriotes, Maeterlinck (ci-dessus en 1906) tend à « représenter l'irreprésentable ». Exhalant « la richesse multiple de la subconscience », selon Artaud, son œuvre « caméléonant » que scande la mélodie des mots est hantée par le mystère, le mal et le fatal. C'est aussi le cas de celle de Rodenbach, le « Pasteur des cygnes », à la chevelure d'astrakan blond, éternisé devant Bruges dans un superbe pastel (à gauche) de Lucien Levy-Dhurmer, en 1896, deux ans avant sa mort à 43 ans, la nuit de Noël.

le visage de sa sœur Marguerite, muse et modèle de prédilection, dont il décline sans fin l'image. Cette atmosphère éthérée de songe séraphique nimbe aussi les toiles merveilleusement hypnotiques de William Degouve de Nuncques, français d'origine, beau-frère de Verhaeren, comme sa vue nocturne du parc de Bruxelles (1897), son stupéfiant *Cygne noir* (1896) et les évanescents *Anges de la nuit* (1891), émanation d'un monde surnaturel qui oscille entre la méditation et l'émoi mystique. Et que sert admirablement la suavité du pastel, aux coloris mats et précieux, opposé à l'académisme et au plat naturalisme d'antan.

Ainsi, la Belgique joue-t-elle un rôle capital dans l'éclosion du symbolisme en Europe, et Bruxelles en est le centre incandescent au même titre que Vienne, Prague et Paris, où émigre en 1874 Félicien Rops, ami de Baudelaire et de Charles De Coster, à l'érotomanie satanique incarnée par *Pornokratès*.

Félicien Rops campe en quatre jours cette scène datée de 1878 que lui-même taxe de dessin « un peu cru » mais « pas polisson ». *Pornokratès*, d'abord titrée *Pornocratie*, accrédite sa réputation de « burineur de la décadence », charmé par cette impudique élégante, vamp pulpeuse ou perverse bourgeoise, à la chair rose et lumineuse, aux yeux bandés, coiffée d'un grand chapeau dit Gainsborough, et tenant en laisse un cochon.

L'onirisme de Spilliaert

Fils d'un parfumeur fournisseur de la Cour et petit fils d'un gardien de phare, ostendais d'origine comme Ensor, son aîné de vingt ans, Léon Spilliaert sonde la vie des objets (boîtes, flacons) dans l'officine parentale et brosse de 1907 à 1910 une série d'autoportraits saisissants et profondément angoissants. Dans les ténèbres du miroir, immuablement immobile et silencieux, il guette son effacement, son inéluctable disparition d'insomniaque somnambule stupéfié par sa propre présence. Voyageur du rêve, le génial Spilliaert, qualifié par un scripteur jaloux de « chrysanthème en fleur », à cause de sa coiffure, arpente en noctambule la cité balnéaire endormie où le guident son caractère instable et l'éréthisme de son tempérament. Campant un univers résolument onirique, embrassant d'un même œil la plage infinie qui s'enroule sur l'horizon et la digue anamorphosée ou bien déserte d'où dévalent d'étiques silhouettes, il reprend sa route d'errant ulcéreux et asthmatique. Les tempêtes de l'âme, la vacillation de l'esprit, la plus noire mélancolie, fondent le charme secret de cet œuvre transi d'effroi, imbibé de cérébralité, somptueusement traité par le velouté du pastel, support volatil, apte à restituer l'opacité autant que l'angoisse sourde d'un monde finissant.

Ce bizarroïde autoportrait en atelier a été réalisé en 1882 par Léon Frédéric. Un ami peintre servit de modèle nu, tenant sur les genoux un pantin doté d'une tête de mort. Conçu en réaction ironique contre un des membres du groupe des XX qui avait donné en le visant une conférence titrée « La laideur dans l'art », il fut présenté lors de l'exposition intitulée « Zwanze » (« blague » ou « plaisanterie »). Fait baron en 1929 comme Ensor, Léon Frédéric enfante un univers pompiériste et délirant, typiquement belge, à l'image de son grandiose et hideux triptyque *Le Ruisseau*, cataracte aussi horrifiante que féerique de nourrissons endormis, dédiée à Beethoven.

Créés en 1883, à l'initiative d'Octave Maus, les XX n'imposent aucune esthétique, ne jettent nul interdit. La tradition voisine avec l'avant-garde, le pointillisme côtoie le symbolisme, le néo-impressionnisme ou l'expressionnisme. Vingtistes bon teint, Ensor, Khnopff, Van Rysselberghe, Finch en font partie, bientôt rejoints pour d'épisodiques expositions par Whistler, Van Gogh, Lautrec, Seurat, Rodin ou Odilon Redon.

Pastel hypnotique au climat irréel, aux tons émeraude, *Le Parc de Bruxelles, la nuit* (page de gauche) est peint en 1897 par William De Gouve de Nuncques, français d'origine, belge d'adoption, beau-frère de Verhaeren. L'atmosphère surnaturelle oscille entre le rêve et le souvenir, la méditation poétique et l'émoi mystique.

Alchimiste halluciné, Léon Spilliaert scrute les yeux écarquillés l'anguleux faciès de son double insaisissable. Livré à l'enchantement de la songerie, le peintre, âgé de 27 ans, qui vit encore chez ses parents, s'affronte à l'inquiétude du miroir dans cet *Autoportrait* (1908), où le monde – comme dans un cauchemar – se dédouble par son reflet (ci-contre, en haut). Ce climat lugubre, fantasmagorique et inquiétant, trouve son apogée dans le chef-d'œuvre qu'est *Le Restaurant* (1904; ci-contre), où l'assise lactée de la nappe, la mitre des serviettes amidonnées, haussées de deux menus points rouges, se parent d'une résonance prémonitoire si l'on songe à l'invisible menace des conflits qui, déjà, se trament dans l'ombre.

Le musée imaginaire du docteur Spitzner

« Entrez, entrez ! Venez voir le monstre à trois jambes, l'enfant crapaud, les jumeaux siamois, quatre bras sur un seul corps et deux têtes, et celle de Jeronimo Caserio, l'anarchiste guillotiné », crie le bonimenteur devant la baraque de Pierre Spitzner, Français d'origine alsacienne, qui exhibe à 22 ans sur les champs de foire son grand Musée anatomique et ethnologique. « Science ! Art ! Progrès ! » sont les leitmotive de cette attraction populaire où l'on admire avec effroi les « curiosités naturelles », fœtus en bocaux, squelettes, momie de 1 500 ans, et autres bizarreries ou anomalies tel le cancer de la langue – mal belge typique –, le pénis nécrosé ou l'estomac d'un alcoolique. Une salle à part échoit aux « maladies vénériennes » et aux ravages de la syphilis, sanction d'une vie déréglée, et atteste des bienfaits de la santé (« C'est le bonheur de la vie ! ») par la vision apocalyptique du corps dépiécé.

Foire aux organes, cabinet infernal, musée de fin des temps, théâtre de la chair en péril, qui aurait enchanté Baudelaire, séduit par la factice beauté des cires anatomiques translucides et colorées, ce capharnaüm incroyable et pseudo-scientifique est repris après le décès de son fondateur en 1896 par son épouse gantoise, Désirée. Fixé en Belgique où il trouve après moult pérégrinations son ancrage inné, triomphant à la foire du Midi, cet antre fantastique répond au goût du macabre et de l'étrange qui déclenchera en 1930 la vocation du peintre Paul Delvaux.

L'accouchée du musée Spitzner, à l'abdomen béant, aux pieds liés (ci-dessous), s'offre aux obstétriciens en manchettes qui opèrent une terrifiante délivrance au crochet.

GRAND MUSÉE
ANATOMIQUE
ETHNOLOGIQUE
DU
Dr P. Spitzner

Mais s'il proclame la confiance dans la science et prétend faire œuvre salutaire, le Musée anatomique du docteur Spitzner révèle aussi les angoisses sous-jacentes d'une époque et prévient la grande tuerie qui s'annonce.

Après un long règne de quarante-quatre années s'éteint Léopold II que l'on enterre le 22 décembre 1909, par un temps de chien, sous quelques sifflets et d'ultimes quolibets. Huit chevaux noirs tirant le corbillard mènent à sa dernière demeure ce roi trop grand pour son petit pays, que raille de manière inattendue Léon Spilliaert dans cette gouache rehaussée de crayon gras (ci-dessus).

Les horreurs de la Grande Guerre

Léopold II, surnommé « le Roi bâtisseur » ou « le Massacreur du Congo », décède le 17 décembre 1909, à 2 h 37 du matin. Trois jours avant, d'une main tremblante, il avait abrogé le « tirage au sort » des conscrits et instauré le service militaire personnel.

Bien lui en a pris. Le 4 août 1914, au mépris de sa neutralité – « rempart de papier » –, l'Allemagne déclare la guerre à la Belgique qui lui refuse de laisser passer son armée pour attaquer la France.

« Un pays qui se défend s'impose au respect de tous : ce pays ne périt pas ! » clame Albert Ier, le nouveau roi,

commandant en chef de l'armée, composée en majorité de pauvres, qui résistent avec courage et s'agrippent durant quatre ans au sol de la patrie occupée dans sa quasi-totalité. Refusant de s'inféoder à ses alliés et de fusionner ses troupes mal entraînées et indisciplinées, alors que le gouvernement officiel s'installe au Havre, il établit son quartier général à La Panne, bombardée capitale du territoire non occupé. Et oppose une résistance héroïque sur le front de l'Yser, infime ligne de défense de 38 kilomètres, parcelle préservée du territoire, ultime lambeau de patrie, lopin de sol resté inviolé. Dans la boue des tranchées, accrue par l'inondation des plaines, ont lieu des corps-à-corps épouvantables. La petite armée belge sort victorieuse de cette gigantesque tuerie. À l'instar d'Élisabeth, reine infirmière qui soigne les soldats blessés, le roi Albert Ier accède au statut de héros et entre vivant dans l'Histoire.

Devant l'avance irrésistible de l'envahisseur, le 27 octobre 1914, Albert Ier fait ouvrir les écluses de Nieuport et inonde les plaines environnantes pour le forcer à reculer (ci-dessus, le roi avec Élisabeth lors des inondations, et, à droite, dans les tranchées; en haut, de gauche à droite, un avis allemand en zone occupée, en allemand, flamand et français). « Nous avons été acculés à l'héroïsme », dit le roi, mué en chef de guerre. Jamais la nation belge ne se montra si unie.

Le règne du Roi-Chevalier

Quel est donc ce roi soldat, promu héros pour avoir dit non à l'envahisseur ? Timide aux allures un peu gauche, qui déchira sa culotte et se rompra le cou, myope et pensif, qui manque de se noyer deux fois, entre autres en chutant dans la Meuse en 1890 pour attraper un papillon, il reste longtemps effacé dans l'ombre de son oncle, Léopold II, qui l'appelle l'« enveloppe fermée ». Lorsqu'il succède à ce monarque incompris et raillé, « traité de voleur et d'assassin », il n'aspire pas à la notoriété. « Car la popularité, c'est comme les vagues de la mer, cela vient et cela repart... », disait son aïeul.

BEKENDMAKING

ALLE ZINGEN EN SPELEN VAN HET FRANSCHE NATIONAALLIED (MARSEILLAISE) IS VERBODEN.

OVERTREDINGEN WORDEN MET GEVANGENIS TOT TWEE JAAR BESTRAFT.

Brussel, den 27e Maart 1915.

Der General-Gouverneur in Belgien,
Freiherr von BISSING,
Generaloberst.

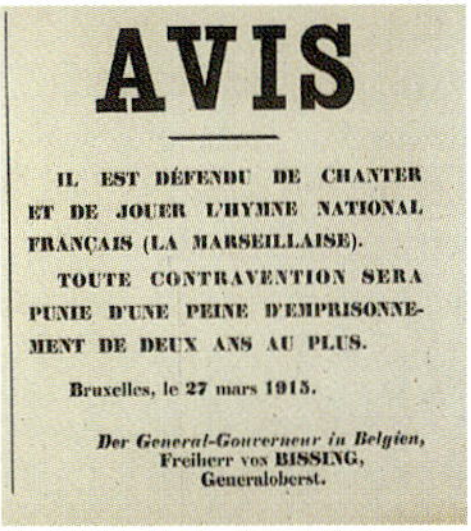

AVIS

IL EST DÉFENDU DE CHANTER ET DE JOUER L'HYMNE NATIONAL FRANÇAIS (LA MARSEILLAISE).

TOUTE CONTRAVENTION SERA PUNIE D'UNE PEINE D'EMPRISONNEMENT DE DEUX ANS AU PLUS.

Bruxelles, le 27 mars 1915.

Der General-Gouverneur in Belgien,
Freiherr von BISSING,
Generaloberst.

L'enthousiasme est pourtant général lorsque monte sur le trône le 23 décembre 1909 ce grand jeune homme blond de 1,92 mètre qui prête serment dans les deux langues. Et qui a reçu un accueil triomphal à Bruxelles après avoir épousé à 25 ans, le 2 octobre 1900, à Munich, Élisabeth de Wittelsbach, fine et menue, duchesse en Bavière. Si celle-ci « aime tous les visages de la beauté », lui est amateur de mécanique (« Si je n'avais pas dû être roi, je crois que j'aurais pu faire un bon ingénieur ») et connaît par cœur l'indicateur des chemins de fer. Il adore le cinéma, convie Maeterlinck au palais après son prix Nobel, car il se définit comme un grand « lecturier » (néologisme royal !). De tempérament taciturne, plutôt inquiet, épris de jardinage et fondu de nature, il célèbre la littérature

L'idée que 90 % des morts sur le front étaient des troupiers flamands qui ont péri par incompréhension des ordres donnés en français par les officiers est fausse ; mais elle est devenue une légende, dont se sont emparés avec succès les extrémistes flamands.

néerlandaise de Belgique, descend dans les charbonnages, visite verreries, hauts-fourneaux, laminoirs, forges et ports, pilote locomotives et autos de course. Il se rend au Congo, pratique l'alpinisme (on y reviendra), aime l'aviation, alors qu'Élisabeth, claustrophobe et fameuse fumeuse, déteste les ascenseurs,

Type flamand sous-dolichocéphale.
Taille élévée, face allongée, nez étroit, proéminence occipitale.

LETTRE AU ROI
sur la séparation de la Wallonie et c

reçoit les artistes, joue du violon avec Einstein, et crée en 1937, le concours musical de réputation internationale qui portera son nom en 1951.

Les remous de la question linguistique

Sitôt la guerre terminée, la Belgique voit renaître ses bonnes vieilles querelles politiques. L'omnipotence des partis a pour effet de créer une constante instabilité gouvernementale. L'unité politique du pays, ressoudée durant le confit, est mise en péril sous la poussée du nationalisme flamand. Tenus pour des « mangeurs de pommes de terre », colonisés par les francophones comme les Congolais par les Blancs belges, les Flamands en ont assez d'être pris pour des « Belges de seconde zone », quand on ne les traite pas de « bêtes ».

À Gand, Bruges, Anvers ou Courtrai, seuls les gens du peuple parlent le flamand, interdit dans l'enseignement dispensé en français, langue de l'élite sociale, signe de haute éducation, le patois local étant défendu même à la récréation, sous peine de sanction.

« Le rêve est une réalité comme toutes les autres formes de vie », disait Fritz Van den Berghe. Son *Homme des nuages* (1927 ; ci-dessous) incarne la robuste vitalité de l'expressionnisme flamand, cerné de motifs que reprendra plus tard le surréalisme.

Type wallon sous-brachycéphale.
moins haute, face et nez larges, protubérance occipitale aplatie.

Type intermédiaire de fusion.
Photographies communiquées par M. le Dr Houzé.

Flandre

Cependant l'usage du néerlandais est acquis à la cour d'assises de Bruxelles dès 1906. En 1912, Jules Destrée, sénateur socialiste, publie sa fameuse *Lettre au Roi* où il affirme : « Sire, vous régnez sur deux peuples. Il y a en Belgique des Wallons et des Flamands, il n'y a pas de peuple belge. » En 1915, on annonce que des cours en flamand sont créés à l'université de Gand qui, la première, devient néerlandophone en 1930.

Et, en 1919, le poète Albert Mockel, qui a séjourné quarante ans en France, esquisse une organisation fédéralisée de la Belgique. Cette idée progresse comme celle d'« autonomisme », meilleur moyen d'éviter le « séparatisme », mal inhérent au dualisme fondamental de la nation belge. La paix sociale repose sur la paix linguistique, qui devient le souci majeur des politiciens et empoisonne la vie publique au point de menacer la vie même du royaume.

L'expressionnisme flamand

En réaction contre le symbolisme, trop intemporel et dégagé du réel, apparaît l'expressionnisme flamand, qui tend non pas à copier le monde, mais à exprimer des émotions intérieures. « La Flandre pense et sent en couleurs », disait Lemonnier. C'est ce que font les fils d'ouvriers ou de petits-bourgeois, plutôt de gauche, que sont Gustave et Léon De Smet, fils d'un entrepreneur de travaux de peinture, et Fritz Van den Berghe, fils d'instituteur, devenu bibliothécaire en chef de l'université de Gand.

Le terme de « race » n'a pas à l'époque le sens péjoratif d'aujourd'hui. Il désigne au sens noble

le caractère spécifique d'une culture et d'une population ancré dans des « racines », et donc aussi de la langue « flamande ». En haut, photos anthropométriques des types flamand, wallon et intermédiaire. Au centre, détail de la *Lettre au Roi* de Jules Destrée. Ci-dessus, le coq wallon s'opposant à l'ébranlement de l'université de Gand devenue première université néerlandophone.

Ils constituent la seconde école de Laethem-Saint-Martin. Leur facture faussement primaire, résolument naïve et balourde, dotée d'une force vitale et d'une santé rieuse, restitue intacte la poésie des paysans campés dans des scènes de genre, mais aussi des vues de villages et la campagne flamande. Avec humour et tendresse, ils se peignent en train de pêcher ou de rêver sans peur de planter des chiens géométriques – il n'y a pas de cubisme belge – ou des canassons à tête carrée.

Aux fauvistes brabançons que sont Jean Brusselmans et Edgard Tytgat, l'ingénu, s'ajoute le robuste Constant Permeke, fils d'un peintre de marines, natif d'Ostende comme Spilliaert, dont il occupe l'atelier, et qui épouse une dentellière de Bruges – un comble ! Surnommé « l'as des embruns » par Ensor, de sa palette à dominante bistre, ocre et brun, assortie au *boustring* (« hareng saur »), il excelle à vanter la glèbe bourbeuse, les « mangeurs de bouillie » et les houles de la mer du Nord dans des toiles qu'abrite la « villa aux quatre vents » de Jabbeke, qui devient son musée.

« Pointilleur » intuitif, divisionniste au pays de la division, Van Rysselberghe a une conception mentale de la perception. Ses tableaux, fruits d'une théorie scientifique de la couleur, sont de la pensée peinte. Ainsi de ce *Canal en Flandre*, (1894), bordé d'arbres inclinés par la force du vent, traité dans des tons verts et bleu violacé, qui est autant un paysage reconstruit de mémoire qu'une étude sensible des subtiles variations de la lumière.

La luminosité de Van Rysselberghe

La mélancolie de la lumière inspire Théo Van Rysselberghe, pointilliste à l'air de Flamand racé, attiré par la mer où il passe ses vacances et finit par habiter. Expatrié en France comme tant d'autres, il n'est pas encore assez reconnu et est injustement décrit comme un suiveur parce qu'il est un chromoluminariste dans la lignée de Seurat et de Signac. C'est d'une perception cérébrale autant que sensorielle que découlent sa vue de *L'Escaut en amont d'Anvers* et surtout *Le Canal en Flandre par temps triste* ou encore *Des Dunes à Cadzand*. Des points tels des piqûres d'épingles, traces d'une alacrité vibratile, parsèment l'atmosphère à l'incessante vibration de ses tableaux intensément réfléchis. Ami intime de Khnopff, proche de Verhaeren dont il réalise... vingt-trois portraits, et quarante-trois de son épouse, Maria, qu'il éternise tous les ans, il dit combien son pays irradie de clarté à l'encontre du naturalisme pataud des peintres de Flandre. Il meurt en 1926, dans le Var, à 64 ans.

Van Rysselberghe aurait sans nul doute apprécié les chromos pictorialistes de Léonard Misonne, « peintre manqué », qui idéalise la nature des environs de Gilly, près de Charleroi, où il vit reclus dans sa maison. Menant une existence qu'il qualifie d'« insipide et platement bourgeoise », enchanté par les éléments atmosphériques (brume, neige, brouillard), séduit par la pluie qui fait reluire les trottoirs (comme sur cette vue de Bruxelles de 1935), il concilie dans son œuvre photographique deux thèmes belges essentiels : le ciel et les nuages.

Le miracle de l'après-guerre

La Belgique se reconstruit. C'est sur l'exploitation méthodique du trésor colonial que repose le redressement de l'économie. Le pays se maintient ainsi dans une apparente prospérité durant quelques décennies. Depuis 1918, les femmes votent, et en 1919 est adopté le suffrage universel... pour les hommes uniquement. En 1920 ont lieu les jeux Olympiques d'Anvers, avec tir au pigeon d'argile et tir à l'arc (trois médailles individuelles). Les Belges remportent 2-0 une victoire mémorable en football contre la Tchécoslovaquie, après que toute l'équipe adverse eut quitté le terrain, à la suite de l'expulsion d'un défenseur contre un attaquant belge. Mais qu'importe ! L'Académie de langue et de littérature françaises royale est créée en 1921, la radio nationale éclôt vers 1923. Dès 1920, on projette de bâtir une autostrade reliant Bruxelles à Ostende où pourra rouler la Minerva qui, hélas ! ne résiste pas à la concurrence. Les ports (Ostende, Zeebruges, Gand, Anvers) sont en pleine expansion. Les effets de la crise qui éclate aux États-Unis en 1929 ne se font ressentir qu'en 1930. Le centenaire de la nation se déroule... au Cinquantenaire. Le pouvoir d'achat a quintuplé et il y a des allocations familiales pour tous.

Rassemblées pour un congrès, les militantes socialistes posent ici devant la Maison du peuple à Bruxelles. Les femmes belges défient les hommes sur le terrain du droit au travail et s'inspirent de l'attitude modèle et moderniste de la reine Élisabeth, ouverte à la recherche scientifique, au progrès social et à l'art, et pour qui le monde n'a pas de frontières.

Sportif entraîné (à droite, le « roi alpiniste » en action) rétif au vertige, Albert Ier entame le 17 février 1934, son ascension à Marche-les-Dames. Lui qui trouve déplorable de périr dans son lit (« La tragédie du lit ») se doute-t-il de la fin subite qui l'attend ? Être un homme comme les autres, quel rêve ! Il se hisse vers le sommet, ne comptant que sur ses forces. Mais voilà que le rocher pourri soudain cède, précipitant dans la gorge le souverain. La corde rompt, il perd son pince-nez, heurte une branche, se renverse et dévale tête en bas. Une arête rocheuse lui fracasse le crâne.

LA BELGIQUE EN DEUIL

Le Roi se tue en escaladant un rocher à Marche-les-Dames

La chute du roi Albert

La Belgique connaît un climat d'intense activité et d'euphorie générale. Mais il n'y a qu'un pas du bonheur à la tragédie. Albert Ier le franchit ce samedi 17 février 1934 où il décide de faire une escapade qui le distrait de son « métier » de roi. Il consulte son agenda : audience diplomatique avant midi, course cycliste au Palais des sports en soirée. Cela lui laisse le loisir de profiter d'un de ses rares après-midi de libre. Lui qui a besoin de se mesurer au danger et s'adonne à l'alpinisme dans les Alpes ou les Dolomites, choisit de se rendre au site classé de Marche-les-Dames, sur les bords de la Meuse, à 8 kilomètres de Namur, en compagnie de son valet de chambre Van Dycke. Il se sent en pleine forme, lui fixe rendez-vous à 17 heures et gagne à pied la roche fatale. On le retrouvera étendu sur le dos, mains tendues, à 2 heures du matin. Ainsi prend fin à 59 ans la trajectoire du troisième roi des Belges, si aimé de son peuple, héros vainqueur, protecteur de l'État et ciment de l'unité nationale. La dynastie décapitée s'en remettra-t-elle ?

Quittant la légende pour entrer dans l'Histoire, le roi tombe en voulant s'élever (en haut, titres du *Soir* annonçant son décès). Ainsi disparaît le monarque, garde-fou qui disait : « J'ai bétonné la monarchie en Belgique. »

Des malheurs en cascade s'abattent sur le royaume et mènent à l'abdication du roi Léopold III auquel succède son fils. Sous le règne de Baudouin Ier, la Belgique connaît une prospérité sans précédent, symbolisée par l'Exposition universelle de 1958 et le rayonnement international de Tintin, Brel, Simenon, Magritte, sans oublier le règne d'Eddy Merckx.

CHAPITRE 4

L'ÂGE D'OR : UNITÉ DU ROYAUME (1935-1970)

Représentant un atome agrandi et multiplié par neuf, nombre des provinces d'un pays qui n'est pas encore scindé en deux, l'Atomium (à gauche) érigé pour l'Exposition universelle de 1958, incarne l'élan d'une nation moderne dont le plus célèbre héros est un freluquet à houppette, sans âge, nommé Tintin (ci-contre).

Le quatrième roi des Belges

Léopold III a 33 ans quand il monte sur le trône, succédant à Albert Ier dont il est le fils aîné. La prestation de serment a lieu le 23 février 1934. En bottes et tenue militaires, les traits tirés par l'émotion, il déclare : « Je me donne tout entier à la Belgique. » Et, pour la première fois dans l'histoire du royaume, le souverain répète son discours en un néerlandais châtié. Il est le lien vivant entre la Wallonie et la Flandre et aspire à conforter la force morale d'un peuple uni.

Dès le premier jour de sa vie, on l'a destiné à régner. Né le 3 novembre 1901, élevé à l'école du devoir par des précepteurs spécialisés, dont l'historien Henri Pirenne et le cardinal Mercier, il étudie en Angleterre au collège d'Eton où il pratique le football. Une photo le montre en uniforme traditionnel, coiffé du gibus. Carrure d'athlète, front dégagé, le monarque, qu'on surnomme le « blindé sensible », a le goût des idées et des récits de voyage. Fondu de golf et de ski, il fait de l'escalade en secret mais n'aime pas monter à cheval. La biologie et la zoologie le captivent. Il a hérité de la collection de papillons de la reine Élisabeth mais il a peu d'attrait pour la littérature, la musique, la peinture. Explorateur et fervent voyageur (États-Unis, Brésil, Égypte, Congo), il se dit « fier d'être belge ».

Le grand bonheur de Léopold III est son mariage avec Astrid de Suède, rencontrée lors d'un voyage en Scandinavie, qu'il a épousée le 8 novembre 1926. Elle a les yeux verts, un teint de lys et de rose, et des cheveux « satin ». Ce portrait légendaire la présente couronnée d'un diadème, sertie d'une étole immaculée comme un cygne – oiseau jadis emblème du symbolisme. À gauche, on la voit avec le futur roi Baudouin et sa sœur Joséphine Charlotte en juillet 1932, au château de Stuyvenberg.

Un drame traumatisant

En 1935, alors que l'Exposition universelle de Bruxelles bat son plein, survient le drame. Les souverains occupent pour quelques jours la villa que le roi Albert a acquise aux abords du lac des Quatre-Cantons en Suisse. Le couple raffole des balades en auto. Une Packard 120, décapotable, à deux places, avec laquelle ils ont parcouru 4 000 kilomètres, les valises arrimées à un porte-bagages d'appoint. Malgré le temps pluvieux, peu propice aux escapades, ils décident une promenade en voiture. Léopold aime conduire et relègue le chauffeur à l'arrière du roadster. Sur la route en corniche qui relie Lucerne à Zurich, à l'approche de Küssnacht, au bord du lac, la reine cherche un chemin sur une carte routière. Le roi se penche vers elle pour l'aider. Fatal coup de main. Happé par le vide, le cabriolet fait une embardée dans une pré en contrebas. Éjectée de son siège, la reine heurte de la tête le tronc d'un arbre. Elle rend l'âme dans les bras de son époux, blessé au coude et au thorax.

Un an après la disparition de son père, Léopold III perd son épouse adorée. La « fée venue du Nord » aura été souveraine pendant moins d'un an. Cruelle destinée ! Deux millions de Belges défilent durant quatre jours devant la dépouille de la reine vénérée. Le bras en écharpe, un pansement sur la joue, Léopold III suit son corbillard (ci-dessus). Le pays foudroyé de douleur assiste en pleurs à ces funérailles grandioses.

Des présages inquiétants

Le roi éduque seul ses trois enfants. Le redressement économique et financier se poursuit malgré des crises en cascade dont la Belgique est coutumière. En 1936 est voté le congé annuel de six jours. On ouvre la succursale du premier magasin « à prix unique » (Sarma); on lit Spirou, rival de Tintin et le professeur Picard, émule de Tryphon Tournesol, s'envole dans la stratosphère.

« Poeske » Scherens est à la fois champion du monde de vitesse pure en 1931 et de « surplace » (spécialité nationale). Et Sylvère Maes gagne le Tour de France en 1939 avec 30 minutes d'avance. Terre des grammairiens, la Belgique est le pays de Maurice Grevisse dont paraît *Le Bon Usage*, en 1936. Et Charles Plisnier est le premier Goncourt non français, en 1936, avec *Faux Passeports*. Rallié aux écrivains qui saluent Paris comme la « Ville-Mère », il déclare : « Je reste profondément attaché à ma patrie politique la Belgique; ma patrie culturelle est la France. »

Mais des nuages noirs se profilent à l'horizon. La montée du nationalisme flamand va de pair avec la poussée du rexisme, parti totalitaire antidémocratique dirigé par Léon Degrelle. Le triomphe du nazisme annonce l'effroyable conflit qui se prépare. La situation internationale se dégrade. Devant la menace imminente, Léopold III réaffirme la neutralité du pays, dont il accroît les moyens défensifs. L'armée belge compte désormais six cent cinquante mille hommes. Le 10 mai 1940, sans ultimatum ni déclaration de guerre, l'Allemagne viole pour la seconde fois en vingt-cinq ans le ciel et le sol de ce minuscule territoire.

La drôle de guerre et l'Occupation

Le roi dirige en personne les opérations. L'armée belge fait front avec courage. Après dix-huit jours de résistance, acculée à la mer,

LE ROI CAPITULE

Envers de la démocratie, le parti fasciste Rex promet la victoire. Et un rêve auquel croit parfois naïvement l'homme de la rue. Après avoir fait trembler le monde politique en emportant plus de 10 % des sièges aux élections de 1936, Rex s'effondre avant 1940 (ci-dessous, campagne antirexiste en 1937). Il est réduit à un groupuscule naziphile. Et son chef,condamné à mort, s'enfuit en Espagne. En haut, titre de *Paris-Soir* (29 mai 1940) sur la capitulation du roi.

à bout de ressources, elle est mise hors de combat. Et dépose les armes le 28 mai 1940, à 4 heures du matin. Devant la disproportion écrasante des forces, le roi capitule. Mais reste près de ses troupes (« Partir en ce moment serait déserter... »). Il refuse de suivre son gouvernement établi à Bruges, puis à Paris,

Les troupes allemandes paradent dans Bruxelles occupée (ici, la rue de la Régence). Règnent les exécutions, les réquisitions, les arrestations, les dénonciations. Et la peur, la faim, le marché noir, où excellent les *smokkeleirs* (« trafiquants »).

LEOPOLD

et à Londres. On l'assigne à résidence dans la prison dorée de Laeken, gardée par des soldats germains. Le 14 novembre, à Berchtesgaden, il rencontre Hitler, à qui il parle français, bien qu'il sache parfaitement l'allemand. Le Führer n'en obtient rien. Mais l'effet est déplorable. On croit que le roi pactise avec l'ennemi. La guerre n'est pas finie pour autant. Car débute l'Occupation, cauchemar de mille six cents jours.

Alors que le pays est occupé, Léopold épouse le 11 septembre 1941 Liliane Baels, titrée princesse de Réty, rencontrée lors d'une garden-party à Laeken.

Café, sucre, beurre, pain, viande et charbon sont hors de prix. Les journaux de la collaboration relatent les revers allemands comme des péripéties. Malgré une ultime contre-offensive, la bataille des Ardennes en décembre 1944 défait enfin l'occupant.

Le moment est vraiment mal choisi. Évinçant l'aura mythique d'Astrid, ce remariage est révélé à la population par un message du cardinal Van Roey. Tenu durant quatre ans à l'écart des affaires publiques, le souverain est déporté le 7 juin 1944 avec ses fils (les futurs rois Baudouin Ier et Albert II), en Allemagne, puis en Autriche, et ne sera libéré par les Alliés que le 7 mai 1945. Étant dans l'impossibilité d'exercer sa fonction par le fait de l'ennemi, il cède sa place à son frère cadet, Charles, né en 1903 et d'un naturel effacé, chargé de poursuivre sa tâche. Celui-ci est élu régent du royaume le 20 septembre 1944 alors que le gouvernement en exil regagne le pays.

Image emblématique que cette photographie de Léopold III, en captivité dans la forteresse de Hirschtein-sur-Elbe, en Allemagne, à la fin de 1944. Prisonnier, le roi est au ban de son propre pays qui est libéré. Après son abdication en faveur de son fils, Léopold III se retirera de la vie politique. Devenu une figure de l'ombre, il s'adonnera au golf et à l'ethnologie, et à des expéditions scientifiques aux quatre coins du monde.

La « question royale »

Exilé alors en Suisse, Léopold III décide de rentrer en Belgique à l'été de 1945. Si l'« impossibilité de régner » a pris fin, l'annonce de ce retour soulève une vive opposition des grands partis. On lui reproche sa politique de neutralité avant-guerre, de n'avoir pas suivi ses ministres en mai 1940, de s'être entretenu avec Hitler, de s'être marié durant sa captivité, en pleine guerre et en secret. Mais une forte majorité réclame son retour. Après cinq ans de palabres, un plébiscite lui rend le pouvoir en mars 1950. Il regagne la capitale. Des troubles éclatent aussitôt. Léopoldistes et antiléopoldistes s'affrontent, ravivant le dualisme fondamental de la nation belge. Les grèves virent à l'émeute, la gendarmerie charge les manifestants. Les incidents se multiplient; le royaume est menacé d'insurrection. Refusant d'« être le témoin d'une guerre civile », dans l'espoir d'une réconciliation et pour préserver la dynastie, le roi s'incline. Il cède ses pouvoirs dans la nuit du 31 juillet au 1er août 1950 au « prince royal » Baudouin en faveur duquel il abdique sans

Présenté à la foule, sur le balcon du palais, le jeune prince s'incline devant la décision de son père (ci-dessus). Le 11 août, lors de sa prestation de serment devant les Chambres, Baudouin Ier garde son sang-froid quand le député communiste Lahaut s'écrie : « Vive la république ! » Une semaine après ce dernier est abattu. L'identité de son assassin, découverte en 1977, ne sera révélée qu'en… 2002.

attendre sa majorité. Celui-ci sera proclamé roi lors d'une poignante cérémonie le 17 juillet 1951, au palais de Bruxelles.

Le prince Baudouin monte sur le trône

Baudouin n'a pas 20 ans. Emprunté dans son uniforme kaki, le sabre lui battant les flancs, désemparé par sa responsabilité, écrasé par le poids de sa fonction, le prince royal, la tête légèrement penchée, coiffe la couronne transmise par Léopold III, qui met fin à son règne. Et qui évite le pire en s'effaçant au profit de son fils. « Je vous en conjure, soyez UNIS », sont ses derniers mots. « Je te promets que je ferai tout pour me montrer digne d'être ton fils », rétorque le cinquième roi des Belges, rassembleur d'un peuple dont il doit refaire l'unité.

Enfant au sourire triste, élevé dans un cadre austère, meurtri par la tragédie des antécédents familiaux, ayant perdu sa mère à moins de 5 ans, suppléant à ce père « discrédité » auquel il voue une admiration sans bornes, Baudouin n'est pas un gai luron. Il est né le 7 septembre 1930. Pieux, mystique

même (on prédit son entrée dans les ordres), ancien louveteau, ayant pour totem « l'élan » – paradoxe, il en manque tellement ! –, timoré à l'extrême, pour ne pas dire coincé, myope, introverti, empreint de gaucherie, mais imprégné de droiture, il a appris son métier de roi dans l'ombre de ses aïeux.

Les années contrastées de l'après-guerre

Le long règne du roi Baudouin commence. Et la Belgique reprend peu à peu sa vie économique. Dès 1946, un DC 4 de la Sabena, créée en 1923, contenant de la terre de Bastogne, traverse l'Atlantique. En 1948 naît le Benelux, union économique de la Belgique, du Nederland et du Luxembourg, qui fondent un embryon d'Europe. On creuse les premiers tunnels routiers et on rebaptise « boules de l'Yser » les beignets à la crème, vendus à la criée sur les plages, qu'on appelait avant « boules de Berlin ». Cobra est créé en 1948 à l'initiative de Christian Dotremont,

La conversion de la matière en formes, du trait en couleurs, de la lettre en images, fonde la démarche de Dotremont, créateur de Cobra (qui est peut-être le mouvement européen le plus important de l'après-guerre) et d'Alechinsky alors âgé de 23 ans, qui se bat contre « l'abstraction froide », comme ici dans *Les Hautes Herbes* (1951). Il est un des rares artistes à avoir traversé le XXe siècle en étant resté fidèle aux techniques traditionnelles : peinture, lithographie, gravure.

rejoint en 1949 par Pierre Alechinsky. Anderlecht est déjà champion du monde de football en 1950. Stan Ockers, qui se brisera le crâne au vélodrome d'Anvers, est champion du monde cycliste en 1955, année où Baudouin Ier effectue son premier voyage au Congo. L'acier, le charbon, le textile sont les mamelles de la reprise. En 1956 est lancée la semaine de cinq jours. Mais, dès 1952, surgit la « question scolaire ». Elle dégénère en « guerre scolaire » en 1958 et met littéralement Bruxelles en état de siège. En 1957 se produit la catastrophe de Marcinelle. L'hiver de cette même année des grandes grèves agitent la Wallonie. Le 4 janvier 1959 éclatent des émeutes à Léopoldville qui mènent à l'indépendance de « notre » Congo en 1960. Et, dès 1961, la frontière linguistique se dessine. Le 22 septembre, soixante-cinq mille Flamands bloquent le centre de la capitale et scandent : *« Brussel Vlaams ! »* (« Bruxelles flamande ! »). Le patriotisme flamand est en marche.

La réduction des subsides à l'enseignement libre décidée par le ministre socialiste de l'Instruction publique rallume les conflits d'antan. Les organisations chrétiennes descendent dans la rue (ici, devant la Bourse, à Bruxelles). Un pacte scolaire est signé en novembre 1958, après plus d'un siècle d'affrontements. Mais les divergences de vue entre socialistes, libéraux et catholiques resurgiront lors des débats sur la libéralisation de l'avortement.

40
KM
D.1708

Malgré un voyage triomphal au Congo, en mai 1955, du roi Baudouin dans son uniforme d'une blancheur immaculée (page de gauche, en haut, à gauche), de violentes émeutes éclatent à Léopoldville en janvier 1959 (en bas). L'indépendance est accordée dans la douleur le 30 juin 1960. Mais les fêtes qui s'ensuivent dégénèrent rapidement. Les quatre-vingt-sept mille ressortissants belges doivent leur survie à l'intervention des parachutistes, bientôt suivis des casques bleus de l'ONU, et sont rapatriés en hâte (page de gauche, en haut à droite, des réfugiés, enveloppés de couvertures et partis sans rien, descendent d'un avion de la Sabena). Le Premier ministre Patrice Lumumba est assassiné dans des circonstances troubles le 17 janvier 1961 (en haut à droite, Lumumba lors de son arrestation en décembre 1960) Le Congo, qui était un des ciments de l'unité belge, devient la république du Zaïre en 1971. Il a repris le nom de Congo en 1997, ou plus exactement de République démocratique du Congo

Le massacre de Bruxelles

La rage de démolir et de raser défigure l'ancienne capitale léopoldienne. La jonction Nord-Midi, prévue dès 1935, reliant les deux gares majeures, dure plus de quarante ans et lamine des quartiers entiers. Un hideux viaduc de poutrelles rouillées qui altère les boulevards convie à fuir cette cité que dénaturent des « architectes frigides et mélassiers » comme disait Ensor. La Maison du peuple, érigée par Horta, est abattue dans l'indifférence générale en 1965. Le Mont des Arts, mis à bas dans les années 1950 cède la place au minable jardin bordant l'affreuse Bibliothèque royale Albert Ier, achevée en 1969. La cité administrative de l'État du sinistre boulevard Pachéco, la pisseuse galerie Ravenstein, l'affligeante tour Madou érigée en 1963-1965, et le carrefour de l'Europe transforment Bruxelles, livrée aux promoteurs,

La petite Belgique, carrefour de l'Europe, est pendant six mois le centre du monde et Bruxelles en est le nœud cosmopolite. Les pavillons américain, de forme ronde, et soviétique, rectangulaire et hermétique, se font pacifiquement face. On y admire un Spoutnik, symbole de l'âpre lutte des deux puissances pour la conquête spatiale. Mais il y a surtout la très bruegelienne « Belgique joyeuse », maquette grandeur nature, cité de kermesse folklorique qui ressuscite Thyl Ulenspiegel. Et confère au Belge la joie d'être pour une fois le nombril de l'Univers (ci-dessous, une vue de « la Belgique joyeuse », avec, au fond, l'Atomium).

gâtée par le culte du saccage, la peur bleue du passé. Partout poussent en dépit du bon sens de ternes édifices gris et buildings sans grâce, d'une indigente hybridité. Ce phénomène, raillé sous le terme de « bruxellisation », sera bientôt relayé par l'atterrant concept en vogue de « façadisme » qui offre au citoyen la curieuse sensation de subsister dans une cité de carton-pâte, un décor en trompe l'œil.

Coulée par le sculpteur Moeschal, la flèche en béton brut du pavillon du Génie civil défie les lois de la pesanteur et symbolise l'envol vers le futur. Suspendue par un fil invisible en surplomb d'une carte de la Belgique en réduction où figurent les principaux ouvrages d'art et les sites emblématiques du pays, elle sera finalement mise à bas en 1970 (« *De fleche is af!* ») : en comparaison, la flèche du pavillon français (ci-dessus, avec les fameuses télécabines) paraît bien malingre.

« La Belgique joyeuse »

Cette prospérité trouve son apogée dans l'Exposition universelle de 1958, décidée dès 1947. Accueillis par des hôtesses en tailleur aubergine et tricorne bleu, 42 millions de visiteurs se pressent au Heysel pour admirer les pavillons de cinquante-trois pays, dont celui du Congo – étiqueté « dixième province » par certains – qui sera finalement fermé. Le clou de l'événement est l'Atomium – emblème des années de gloire, cousin de la tour Eiffel – haut de 102 mètres, constitué de neuf sphères de 18 mètres de diamètre qui représentent un atome de fer grandi 150 milliards de fois, voué à être démonté au bout de six mois. Mais qui est toujours là.

La Belgique mange son pain blanc. À l'avant-garde du progrès social, elle offre l'image d'un pays prospère et travailleur, braqué vers les promesses de l'avenir.

Après la « flamandisation » de l'université de Gand, c'est au tour de l'université catholique de Louvain de céder sous la pression flamande qui défile au cri de « *Walen buiten!* » (« Les Wallons dehors! ») (ici, à gauche, un autre version du slogan : « Les Flamands en Flandre, les Wallons en Wallonie »). La section française déménage en 1968. Elle s'établit à Ottignies, en Brabant Wallon, sous le nom de Louvain-la-Neuve. Il en coûtera quelques dizaines de milliards de francs belges.

Et l'unité nationale trouve sa célébration suprême dans le mariage du roi Baudouin Ier et de Fabiola de Mora y Aragón, qui a lieu dans l'allégresse générale, le 15 décembre 1960.

Les *Golden Sixties*

L'accroissement de la productivité permet d'arrondir les salaires. En 1972, quatre Belges sur dix partent en vacances et la Belgique trône dans le peloton de tête des pays jouissant du plus haut niveau de vie. On parle de « miracle belge ». Alors que le Marché commun se met en place, le quartier général de l'Otan en Europe, le Shape, se fixe en Belgique en 1967. Le pays devient un centre politique envié en abritant la capitale de la CEE. Chacun goûte les bienfaits de la société de consommation. L'unité politique s'étaie par la complémentarité des deux langues nationales. La richesse des deux cultures est un puissant ferment qui exalte l'apparente quiétude du royaume.

Mais l'image d'une Belgique confiante, riante, insoucieuse et optimiste, est un leurre. Le 22 mai 1967 l'incendie du grand magasin l'Innovation fait trois cent cinquante victimes. Le bâtiment Art nouveau, dû à Horta, part en fumée. La question linguistique ronge le pays tel un cancer. En 1968, la section française de l'université catholique doit quitter Louvain (désormais : Leuven) et la bibliothèque est scindée trois ans après en livres pairs et livres impairs !

Jour de liesse. Instant solennel. Baudouin Ier et Fabiola unissent leur destin en la cathédrale Saints-Michel-et-Gudule, à Bruxelles.

En 1963, Bruxelles est répartie en dix-neuf communes, et dans les six qui sont périphériques, les francophones jouissent de « facilités linguistiques ». En 1962 est tracée la frontière linguistique, barrière inviolable, agrairement baptisée « rideau de betteraves », qui traverse les arbres, les fleurs, les villages, les vaches, les visages et même les nuages.

Alors que triomphe Sœur Sourire, Adamo débute sa carrière de chanteur au bal de la police de Koekelberg dont la sévère basilique traîne son achèvement. La reine Élisabeth meurt d'une crise cardiaque en 1965. André Delvaux réalise ses premiers films. Monté de Paris à Bruxelles, Maurice Béjart triomphe avec les Ballets du XXe siècle (ci-dessus, *Le Sacre du printemps* de Stravinski, en 1970) et assure au Théâtre royal de la Monnaie une renommée internationale.

Le cas de Ghelderode

Le mal-être est complexe. Il s'incarne en la personne de Michel de Ghelderode, modeste employé communal de Schaerbeek. De son vrai nom Adémar Martens, il accuse son père de lui avoir volé, en l'élevant en français, « l'instrument le plus précieux de l'âme et du cœur : sa propre langue ». Car il se sent flamand dans sa « race », son caractère et sa culture. Mais n'écrit qu'en français. Son théâtre convulsif, baroque, épique, au lyrisme flamboyant, est bientôt joué avec succès en France où il est rangé parmi les « plus grands écrivains européens » avec Céline et Kafka. Qualifié de « flamingant d'expression française » – expression pour le moins

contradictoire – Ghelderode, le Flamand dénationalisé, œuvre en pourfendeur des lettres belges francophones. Il réclame des « institutions flamandes autonomes » et souhaite, dès 1937, « que la Flandre devienne une nation (et c'est inéluctable !) ». Devenu flamingantiste antisémite, prorexiste et proallemand durant la guerre, le plus fameux dramaturge belge d'alors – avec Fernand Crommelynck – abreuve de sa verbomanie défécatoire et satanique son pays d'origine, « sous-produit d'infinis concubinages des peuples ».

« Étant né belge sans raison, je n'ai aucune raison de cesser de l'être », déclare Simenon, qui arpente ici une rue du quartier d'Outremeuse, en mai 1952, lors d'un séjour à Liège qu'il quitte à 19 ans pour faire carrière à Paris. Il a pour ambition d'écrire des romans et de vivre de sa plume. À l'inverse de Michaux, et de maints compatriotes, il applique à la lettre son credo : « Plus vous employez de mots dans un roman, moins vous avez de chance d'être compris. » Ce qui est peut-être une des causes de son phénoménal succès.

Le phénomène Simenon

« Je ne suis ni un phénomène ni une énigme », dit de lui Georges Simenon. Mais comment expliquer sinon le triomphe planétaire de ce forçat de l'écriture, romancier hors du commun, affamé de femmes et assoiffé de vie, qui a vendu près de 500 millions de livres ? Et qui se veut « un homme comme un autre ». Sacré bourlingueur, redoutable homme d'affaires, travailleur acharné (70 mots minute, 80 pages par jour, 800 grammes de sueur par chapitre), malgré son titre de « milliardaire du stylo », il reste ce fils de comptable obsédé par les noms, économe de mots, qui écrit dans une « langue moyenne » les récits populaires et policiers qu'il appelle de la « semi-littérature ». Et qui s'apparente presque à une absence de style, sorte de non-langue, simplifiée à l'extrême, qui convient au climat neutre de ses romans « gris », plutôt que noirs. Homme du juste milieu, son personnage emblématique de Maigret, sédentaire peu liant, bourru taiseux, grand déducteur, applique en toutes occasions sa devise : « Comprendre et ne pas juger ». La justesse du dialogue, le poids des personnages, la densité du décor (nuit, pluie, brume, pavés, canaux, brouillard) expliquent la réussite de ce génie cosmopolite, traduit en cinquante-cinq langues, qui occupe trente-trois résidences dans divers pays (France, États-Unis, Suisse) mais conserve comme s'il n'avait jamais quitté les rives de la Meuse son extraordinaire accent liégeois.

La plume de Michaux

Henri Michaux est l'écrivain belge le plus important du XXe siècle. Grand voyageur de l'imaginaire, il quitte à 2 ans la ville de Namur où il est né le 24 mai 1899, rue de l'Ange, d'un père chapelier qui vend aussi des parapluies. Puis, à 25 ans, son pays, où il se sait promis à une « anti-vie ». Personnalité évanescente, hanté par la « honte belge », hélé par la fureur de la rupture, le déni d'origine – syndrome poétique – il se sent apatride, étranger sur terre et dans son temps. Tout en menant une existence

« Quand vous me verrez, allez ce n'est pas moi », susurre Michaux, ce claustrophobe perfectionniste, solitaire et secret, qui s'évade en dehors de toute littérature pour tenter des expériences aux confins du « merveilleux normal ». « Expulser de lui sa patrie sur toutes les mers de la planète » est le désir de Michaux qui a une aversion héréditaire du pays natal. Autant que la haine de l'origine, il a la phobie de son visage qu'il n'aime pas. Et que dédouble à dessein la photographe Claude Cahun dans cet admirable et confondant portrait de 1925.

étrangement ordinaire. Vagabond vigilant, naturalisé français le 27 août 1954, il explore les abysses de son « lointain intérieur », perfore ses rêves en éprouvant des formes neuves, happé par son imagination stupéfiante, ses curieuses lubies, son invention inouïe, son acuité drolatique, son goût des marges, des termes rares et des allitérations logorrhéiques. La poésie de Michaux n'est d'aucune nation. Exempté de patrie, il est d'une autre planète. Son œuvre renversante rutile de pépites. D'images éblouissantes. Mort au petit matin du 19 octobre 1984, à 5 h 30, l'« homme du commun », qui détesta tant son nom, est incinéré au Père-Lachaise. Il est le premier Belge publié (contre son gré) dans la Pléiade, en 1998, avant Simenon.

Tintin, héros universel

L'assurance du Belge « courageux et entreprenant », qui va de l'avant, s'incarne dans Tintin – Kuifje en flamand – miroir du siècle, mythe mondial. Héros sans tache et intouchable, d'une éternelle jouvence, loyal et vertueux, indémodable et lisse, sans âge et sans ego, sans famille ni passé, sans défauts et pour finir sans histoire – un comble! –, il arpente la planète, marche sur la lune, vit mille aventures, affronte crocodiles, boas, poissons torpilles, et même le yéti, défie brigands, desesperados, pirates et pickpockets, explore le fond des mers, sillonne le désert ou la jungle, flanqué de son fidèle Milou. Et revient toujours au pays, qu'il quitte aussitôt, ce qui se comprend vu qu'il habite 26, rue du Labrador, qui n'existe nulle part. Hardi globe-trotter, redresseur de torts et reporter d'élite, il n'écrit qu'un article dans toute sa carrière et ne se brosse qu'une fois les dents.

Intemporel et immature, esquisse d'une abstraction, créé par Hergé (qui se définit comme un

Toujours sur le départ (réflexe belge), à la poursuite de lui-même, Tintin, héros sans substance autre que dessinée, marche d'un pas décidé vers le trône de Syldavie, royaume inventé, dans *Le Sceptre d'Ottokar*. 200 millions d'albums traduits en 62 langues narrent 24 aventures de Tintin, né le 10 janvier 1929 du crayon de Georges Rémi, dit Hergé.

« Belge synthétique » et qui confie : « Tintin n'est qu'un autre moi-même »), Tintin doit ignorer *La Brabançonne*. Mais parle toutes les langues, y compris « petit-nègre ». « Castré linguistique », Tintin n'est pas un mythe flamand. Absent à lui-même, trop à l'étroit dans sa contrée d'origine, par son imberbe frimousse de Bécassine mâle, surhaussée d'une houppe capillaire – phylactère cervical –, ce freluquet filiforme figure un État neutre et sans racines. À l'instar de la Belgique elle-même, sorte de « Tintinocratie » qui survit à tous les régimes, à tous les gags, à tous les avatars. Mais qui n'existe au fond qu'en imagination.

Aire d'imagiers, paradis de la BD, la Belgique enfante aussi Spirou (« écureuil » en wallon), Bob et Bobette, Alix, Michel Vaillant, Blake et Mortimer, Ric Hochet, Lucky Luke, Gaston Lagaffe ou les Schtroumpfs (nés du crayon de Willy Vandersteen, Jacques Martin, qui est français d'origine, Jean Graton, Edgar P. Jacobs, Tibet, Morris, Franquin, Peyo).

Chapeau, monsieur Magritte !

Le souci de disparaître hante aussi René Magritte, esprit provocateur et contradictoire, longtemps ignoré, dont la peinture a pour objet de « représenter des images poétiques visibles ». Dissident du surréalisme français, après un séjour au Perreux-sur-Marne, il vit dans la banlieue de Bruxelles avec son épouse Georgette – modèle de prédilection – et ses loulous de Poméranie. Et subvertit le sens commun par le surgissement d'énigmes inexplicables. Dans ce monde irréel, truffé de surprises sidérantes, les pierres sont en lévitation, la feuille se mue en arbre, le ciel en mur, l'oiseau en œuf. Ses visions sont des cauchemars. Ses hallucinations sont des divertissements. En voyant ses toiles reconnaissables entre toutes, le quidam s'exclame : « C'est un Magritte ! » La magie de cet univers enchanteur, aux titres éclairants, échappe pourtant au bon sens comme au bon goût, malmené dans les périodes « Renoir » et « Vache » par ce logicien de l'imagination, mordu de vocabulaire, qui pense en rébus, peint jusqu'à vingt tableaux par mois, réfute la psychanalyse comme mode d'appréhension de son œuvre. Vrai petit-bourgeois travesti en lui-même, et besogneux roué, Magritte dynamite les idées reçues. Ses aplats sont des abîmes. Il n'est pas un imagier mais un peintre du paradoxe, mondialement connu, qui érige la sensation de l'incompréhensible en système. Et défie le mystère de la réalité par la fascination des images.

« Tu n'as jamais vu un homme penché sur la parapet d'un pont, regardant l'eau, et derrière lui un lion ? Non. Maintenant, grâce à cette peinture, tu l'as vu », dit Magritte avec humour à propos du *Mal du Pays*, peint en 1941, qu'il voulait aussi appeler *Le Spleen de Paris* ou *Soupe aux pois*, ou encore *Ménopause*, et même, pourquoi pas ? *Atchachtachatchia*. On a vu dans le personnage d'Icare méditant sur le pont, l'aspiration à l'envol et à la liberté, au rêve d'évasion durant la triste période de l'Occupation. Quant au pont, il s'agit d'une réminiscence du Westminster Bridge, l'homme ailé étant E. L. T. Mesens, ami du peintre, fixé à Londres et dirigeant une galerie où Magritte exposa.

Magritte élève au rang d'icône d'emblée identifiable la figure du Belge moyen, au regard impénétrable, vêtu d'un pardessus sombre et coiffé d'un chapeau melon (ci-contre, *Le Fils de l'homme*, 1964) multipliable à l'infini, qui passe inaperçu. Si Magritte excelle à faire surgir l'inexplicable dans la réalité journalière, la primauté accordée au rôle de l'objet, qu'il s'agisse d'une brique, d'un nuage ou d'un chapeau, se retrouve aussi chez Marcel Broodthaers, artiste plus conceptuel. Ce dernier fit de la coquille d'œuf ou de la moule des éléments récurrents de sa grammaire plastique. Cousin belge de Marcel Duchamp, crevant littéralement de faim, Broodthaers gobait par centaines les œufs qui étincellent dans son œuvre et en sont l'indélébile marque éphémère, à l'égal des coquilles de moules glanées dans les poubelles de restaurants. Page de gauche, en bas, *Triomphe de moules 1. Moules casserole* : casserole en fer peinte, coquilles de moules et résine teintée ; 1965).

Le plat pays de Jacques Brel

Jacques Brel voit le jour le 8 avril 1929, à Schaerbeek, avenue du Diamant. Refusant de reprendre la fabrique paternelle de carton ondulé, il décide de devenir chanteur. Et, larguant la Belgique trop belge, descend à Paris pour se faire un nom dans la chanson, art majeur. Découvert en 1953, il entame une carrière fulgurante et connaît un succès foudroyant. L'appel du large, la petitesse du quotidien, l'utopie de l'enfance, l'amour du pays quitté, inspirent ce rebelle de cœur qui garde sa tendresse pour Bruxelles, le tram 33, les frites d'Eugène, la pluie, Marieke, Knokke-Le-Zoute et la place de Brouckère. Plus belge que belge, porté

Déni rare dans une contrée qui compte autant de « poéteurs » que de cafés, Jacques Brel ne s'est jamais dit poète. Mais il n'a jamais cessé de chanter, de hurler, de rugir son amour du pays quitté. Troussant ses refrains comme on lève un jupon, il s'exprime avec les tripes, vomit avant d'entrer en scène, postillonne des embruns, hoquette, flageole, grelotte, cavale, trompette. Il devient lui-même quand il lâche sa guitare, bat des mains comme les ailes d'un moulin, fait des « slourps », des grimaces, le pitre, sue à grosses gouttes, roule les r, accentue son accent, exubère, geint, hennit, pleure, pleut, déraisonne et clame, plié en deux : « Si vous voyez un Belge intelligent, c'est un Suisse » (ci-contre, en décembre 1966).

par la mélodie de la langue, animé par l'outrance, le goût de l'excès, du paroxysme et de la démesure, après avoir composé cet hymne national qu'est *Le Plat Pays*, il vide la scène à 38 ans, en 1967. Non sans avoir été interdit sur tout le littoral pour avoir dit leur fait aux flamingants. Chanteur génial, mais piètre cinéaste, ce Don Quichotte belge,pour qui la Belgique a toujours été un « faux pays », reste un Bruxellois unitariste. Menant plusieurs vies, il vole, vaque et vogue vers ses rêves le plus fous. Et jette l'éponge le 9 octobre 1978, usé par le cancer, qui l'enterre aux îles Marquises, où il a émigré. Et qu'il célèbre dans une immortelle chanson phare.

Le couronnement du roi Eddy

L'apothéose de cette décennie fastueuse a lieu le 21 juillet – jour de la fête nationale – 1969. Trente ans après Sylvère Maes, Eddy Merckx, né à Meensel Kiezegem en 1945, champion bruxellois au palmarès inégalable, remporte son premier Tour de France. Sprintant, grimpant, pédalant comme un métronome, courant avec panache, celui qu'on appelle « le Cannibale » (comme Rik Van Looy était « l'Empereur d'Herentals ») écrase ses rivaux.

Impénétrable et « taiseux », doté d'une morphologie exceptionnelle, Eddy Merckx est le meilleur coureur cycliste du monde, toutes générations confondues. Il accède au statut de « légende vivante » dans un pays où le chauvinisme n'est pas de mise.

Et rafle la tunique d'or, jaune comme le soleil, qui resplendit si peu dans le royaume où le cyclisme (aussi dit « la petite reine ») est roi. Le champion belge le plus célèbre de la planète, qui compte 5 consonnes dans son nom et gagnera 525 courses, 3 championnats du monde, 5 Tours d'Italie et 5 Grandes Boucles, dont il détient le record des victoires d'étapes (34) et du port du maillot jaune (96 jours), est rapatrié le soir même au pays en liesse par avion militaire, affrété par le ministre de la Défense nationale. Acclamé tel un héros place des Martyrs – ô glorieux souvenir ! –, le divin Eddy brandit sa tunique à la foule en délire. Et gagne à toute pompe le château de Laeken où il remet solennellement sa bécane à Baudouin Ier, ce jour-là aussi heureux qu'un roi. Mais le vrai monarque est le roi Eddy, icône populaire, sportif belge le plus fameux du XXe siècle, seul comme Tintin à faire l'unanimité dans une contrée de discorde.

Eddy Merckx, arborant son maillot jaune, dans une étape de montagne lors du Tour de France 1969 (en haut) et avec le roi Baudouin au château de Laeken en 1971 (ci-dessous).

Les trente dernières années voient la séparation définitive entre le Nord flamand et le Sud wallon. Le pays devient un État fédéral. Promue « Région-Capitale », Bruxelles en reste la capitale tout en étant aussi celle de la Flandre. Et de l'Europe, dans laquelle se réfugie la Belgique, faute de sentiment national. Et de s'être véritablement pensée comme une nation.

CHAPITRE 5

UN ÉTAT DIVISÉ CONTRE LUI-MÊME (1970-2005)

Comme le coureur avalant le mur de Grammont dans le Tour des Flandres (à gauche), le lion flamand sort les griffes et se bat. Mais la Flandre énergique et conquérante génère aussi des artistes internationalement reconnus, tel le chorégraphe-plasticien Jan Fabre qui s'est représenté dans un étincelant et piquant autoportrait (ci-contre, *Moi rêvant*, 1979).

Un si long règne

Cette violente charge policière contre les sidérurgistes en février 1982, à Bruxelles, traduit bien le climat explosif qui secoue le pays après les radieuses *Golden Sixties*.

Bon chasseur, aimant le golf, le tennis et le ski – sports aristocratiques – Baudouin Ier est allergique aux chevaux et souffre de sciatique. Féru de botanique, d'ornithologie et d'astronomie, il ne boit pas de vin, peu de bière et mène une vie d'une simplicité monacale. On appelle successivement le « Roi prêtre », le « Roi triste » ou le « Roi de cœur » ce monarque effacé et introverti, un peu distant, mais proche de son peuple, profondément croyant et très consciencieux, qui tient sa mission pour un sacerdoce.Sa vie, dès l'enfance, est marquée par les épreuves. Sous son règne qui dure quarante-deux ans ont lieu le drame de Marcinelle en 1956, les méchantes grèves de l'hiver 1960-1961 et le naufrage de la décolonisation du Congo.

Les querelles linguistiques déchirent le pays avec une violence accrue; la régionalisation progresse. Hostile au fédéralisme, seul moyen de contrer les séparatistes, Baudouin Ier finira par s'y rallier. En avril 1990, « ce roi qui règne mais ne gouverne pas » déposera pendant quarante-huit heures sa couronne. Refusant de signer la loi légalisant l'avortement, il recourt à l'« interruption volontaire de régner ».

Son décès, d'une crise cardiaque, à l'âge de 62 ans, à Motril (Espagne), le 31 juillet 1993, causera une immense émotion. Ainsi qu'un sursaut inespéré d'idolâtrie royaliste dans un pays en état de choc.

Les années septante à nonante

Elles sont fastes. Mais on serre la ceinture. En 1973, après le premier choc pétrolier, on instaure un dimanche sans voitures.

Et on supprime l'éclairage des autoroutes. Ces décisions sont taxées de « mesures psychologiques ». Mais on poursuit les médecins avorteurs. En 1976, on interdit et condamne le film *L'Empire des sens* tandis qu'on saisit *Histoire d'O* dans les librairies. En 1977, Ilya Prigogine, thermodynamicien belge d'origine russe, reçoit le prix Nobel de chimie et, en 1980, Marguerite Yourcenar, Française de mère belge, entre à l'Académie française. La Belgique fête ses cent cinquante ans. Et s'empêtre dans le guêpier des querelles communautaires. Les gouvernements Martens se succèdent, de Martens II à Martens VI.

Le décès du souverain soulève une émotion sans précédent. Des centaines de milliers de Belges attendent pour lui rendre hommage (ci-dessous). On avait oublié le penchant du peuple belge à l'émotivité. Et sous-évalué la conscience de l'unité nationale. Le citoyen devant le palais royal assiste-t-il aux obsèques de la nation ?

Dans les Fourons, tout rassemblement de plus de cinq personnes est interdit, à la suite de divers incidents. Léopold III, retiré des turbulences de l'Histoire, décède à 82 ans, en 1983, la même année que son frère, le prince Charles, ancien régent. Après vingt-six ans d'attente s'ouvre enfin à Bruxelles un musée d'Art moderne, en 1984. Le drame du Heysel (39 morts, 500 blessés) se produit le 29 mai 1985, année où le romancier flamand Hugo Claus publie *Le Chagrin des Belges*. En 1986, les Diables rouges vont en demi-finale de la coupe du monde de football, en Argentine. La Wallonie entre dans une phase de récession manifeste. Et, à l'inverse, la Flandre connaît un évident essor économique. Le rôle de carrefour européen de la Belgique s'affirme.

En route vers le fédéralisme

La voie du fédéralisme s'ouvre dès 1950 par la relance des revendications d'autonomie culturelle. Celles-ci visent d'abord à établir l'usage du flamand

Le drapeau flamand est adopté officiellement en 1973. Le lion noir sur fond jaune avec langue et griffes rouges qui incarne le lion belge est figuré sans le rouge chez les extrémistes flamands. Face à lui, le hardi coq, érigé en emblème officiel de la Wallonie en 1998, a les mollets plutôt frêles. Alternant la crête rouge de l'un et la griffe noire de l'autre, l'artiste liégeois Jacques Lizène raille ces deux foudres de guerre dans un décapant montage, *Drôle de sculpture génétique* (1984, remake 1998; ci-dessous).

dans l'enseignement et l'administration. Ne dit-on pas à cette époque que les francophones ont la culture et les Flamands... l'agriculture? Ces revendications, ô combien légitimes, conduisent à proposer le bilinguisme dans tout le pays. Les années 1970 sont celles des gros débats linguistiques et institutionnels. La recherche de structures nouvelles absorbe une très grande part de l'énergie du monde politique. À partir de 1973, la Communauté flamande a sa fête le 11 juillet, en souvenir de la bataille des Éperons d'or, de 1302. Et, dès 1975, la Communauté française a la sienne le 27 septembre, en mémoire du jour de 1830 où les Hollandais ont été bannis de Bruxelles. L'idée du fédéralisme progresse. C'est la seule voie pour éviter la dislocation du pays.

La réforme constitutionnelle aboutit, non sans d'épiques marathons, conclaves, consensus, coalitions, solutions « à la belge » et compromis – tout un art! –, le 5 mai 1993. À dater de ce jour, la Belgique est un État fédéral. Il se compose de trois Communautés (flamande, wallonne, germanophone) et de trois Régions (flamande, wallonne et Bruxelles-Capitale), dotées de parlements autonomes. La Belgique unitaire, ou unifiée, appartient désormais au passé. Il n'y a plus d'État « central ». Les deux Communautés, flamande et wallonne, prennent congé de leur destinée commune. La Belgique d'antan a vécu. Mais la fonction royale y joue encore un rôle fondamental. L'ultime discours de Baudouin Ier, le 21 juillet 1993, incite ses compatriotes au « civisme fédéral ».

Peu avant sa disparition brutale qui plonge le pays en état de choc, le roi Baudouin Ier (photographié, ici, en grand uniforme en juillet 1993) tient un ultime discours. Mené par sa foi en une Belgique unie et indivisible, il pric ses compatriotes de rester soudés malgré leurs divergences comme son père l'avait fait quarante ans plus tôt, lors de son abdication.

Le cas épineux de Bruxelles

Réputée pour sa Grand-Place – de style baroque italo-flamand –, Manneken-Pis et l'empirisme anarchique de son architecture, Bruxelles a morphologiquement la forme d'un cœur. C'est désormais une ville bureaucratique, internationale et multilingue, située à 1 heure 20 minutes en train de Paris, que huit trajets quotidiens relient à Londres et sept à Amsterdam. Accueillante et méthodiquement défigurée, elle est le siège de l'eurocratie que symbolise le Berlaymont désamianté. Autant que de l'Union européenne où se prennent les décisions qui ont un effet immédiat dans vingt-cinq pays de l'UE, elle reste la capitale de la Belgique. Et est un sacré pavé dans la mare depuis qu'elle a été promue « Région Bruxelles-Capitale »,

La structure anarcho-moderniste d'une métropole internationale et sans âme se décrypte parfaitement dans cette vue du quartier Léopold abritant les structures de verre des immeubles de bureaux des Communautés européennes. Et écrasant la minuscule gare du Luxembourg, préservée comme une héroïque survivance du passé.

comptant dix-neuf communes et un million d'habitants, massivement francophones, bien qu'elle soit géographiquement en Flandre. Quel imbroglio! Elle est aussi la capitale de la Flandre (6 millions d'habitants), unilingue néerlandophone, tandis que la Wallonie (3,5 millions d'habitants), unilingue francophone, a élu Namur. Métonymie de l'Europe, cernée par un carcan territorial, elle devient donc une cité à « reflamandiser ». Une Jérusalem du mouvement flamingant: *« Brussel: Vlaamse stad »* (« Bruxelles, ville flamande »).

L'émancipation de la Flandre

Tout comme elle conquiert l'autonomie économique, la Flandre « débelgicisée » a mis fin à la suprématie intellectuelle francophone. Et à l'emploi du français.

Le Berlaymont, baptisé non sans ironie « Berlaymonstre », symbolise aux yeux des étrangers la construction de l'Europe. Et de sa capitale à l'influence croissante sur la politique sociale des vingt-cinq États membres. Pour n'avoir pas livré à temps le batiment désamianté à la Commission européenne, l'État fédéral encourt d'onéreuses pénalités (évaluées à quelques 25 millions d'euro).

Le mot « ménapien » (primitif flamand), autrefois de mise, est définitivement hors d'usage. Et on traite un temps de *vlaamse kust* la « côte belge ». La Flandre conquérante s'incarne par le fameux « lion noir sur fond jaune » brandi le long des routes du Tour des Flandres. Il n'a fait qu'une bouchée du coq wallon. Mais a aussi croqué le lion qui symbolise la Belgique. Et les nationalistes séparatistes du parti extrémiste Vlaams Blok (devenu

Selon un sénateur, le Berlaymont est l'« une des plus grandes gabegies de l'histoire de l'État belge ». Ce qui n'est pas peu dire.

Vlaams Belang, fin 2004) se sont accaparé pour hymne *De Vlaamse Leeuw* (*Le Lion flamand*). Considérant *La Brabançonne* comme un chant hostile à la Flandre, ils ne supportent plus la Belgique et ont pour slogan : « *België barst!* » (« Belgique, crève ! »).

Aux prises de position antibelges du patriotisme flamingant, on préfère à l'étranger les œuvres de l'artiste multidisciplinaire Jan Fabre, qui colorie tout un château au Bic bleu, campe une tortue géante sur la digue de Nieuport, tapisse le plafond d'une salle du Palais royal de 1,4 million de scarabées aux chatoyants reflets émeraude. Les chorégraphies d'Alain Platel, de Wim Vandekeybus et Anne-Teresa De Keersmaeker, récemment baronisée. Ou les créateurs de mode apparus à la fin des années 1980 à Anvers, épicentre de la création artistique.

Une culture d'élite

La vitalité d'une Flandre dynamique et inventive resplendit aussi dans la création de l'ébéniste baroque Wim Delvoye, « étronologue » iconoclaste, charcutier mosaïste, tatoueur de cochons maniériste. Alors que Panamarenko, né en 1940 à Anvers qu'il n'a jamais quittée, allie les rêves les plus fous et la technique la plus farfelue dans ses œuvres extravagantes. Avion-soucoupe volante, hélicoptère-bicyclette, dirigeable à pédales, ou chaussures pour marcher tête en bas.

La Flandre devient la patrie des nationalistes flamands, et c'est à Anvers (ci-dessus) que le parti populiste Vlaams Blok y obtient son plus gros score : près des 35 % de voix. Et un million d'électeurs en Flandre : un Flamand sur quatre. Les partis démocratiques se liguent contre lui. Le « cordon sanitaire » tiendra-t-il ?

Ces bricoleurs de mythes aux œuvres délicates et poétiques n'ont d'équivalent en Wallonie qu'avec Patrick Corillon et Jacques Charlier qui se qualifie de « grossiste en humour belge toutes catégories ».

Autant que dans la chanson (Arno), la danse (Frédéric Flamand), la photographie (Dirk Braeckman, Christian Carez, Marc Trivier), c'est dans le cinéma que brille la génération des jeunes acteurs, de Marie Gillain à Olivier Gourmet, de Benoît Poelvoorde à Émilie Dequenne, prix d'interprétation féminine à Cannes (1999) dans *Rosetta* des frères Dardenne. Il y a aussi Lucas Belvaux, Alain Berliner, Gérard Corbiau, Boris Lehman, Chantal Akerman, auteurs excentrés d'un cinéma décalé, sans consistance collective, qui s'ancre dans le réel. Ou convie à voir la réalité derrière la réalité. Ainsi, Jaco Van Dormael, découvert par *Toto le héros*, au climat onirique proche du réalisme magique d'André Delvaux, et réalisateur du *Huitième Jour* qui vaut le prix d'interprétation masculine à Cannes (1996) à l'acteur trisomique Pascal Duquesne.

Alors que s'étend la peste brune, métastase politique en plein essor, la création flamande fait front et feu de tout bois. À l'image du camion de ciment en bois de teck, grandeur nature, enjolivé d'une ornementation rococo par le Flandrien Wim Delvoye, ébéniste baroque né en 1966 à Wervik, qui subvertit les supports classiques de l'artisanat flamand (ébénisterie, marqueterie, vitrail porcelaine), détournés de leur usage traditionnel. Et de leurs fonctions séculaires.

La mode des maîtres anversois Anne Demeulemeester (à gauche, sa boutique à Anvers), Walter Van Beirendonck, Dries Van Noten participe du modernisme de la Flandre autant que les arts plastiques et la danse.

PALME D'OR CANNES 1999
PRIX D'INTERPRÉTATION FÉMININE
Rosetta
Un film écrit et réalisé par Luc et Jean-Pierre Dardenne

Tandis que la frénésie créatrice s'empare d'Anvers, ville multiculturelle où œuvrent les chorégraphes Jan Fabre, et Alain Platel, aussi connus que la Bruxelloise Anne-Teresa De Keersmaeker (ci-contre), que l'Ostendais Arno chante en français ce qu'il pense en flamand, et que la scène rock est en ébullition, le cinéma « auteuriste » francophone est en pleine effervescence. Le Théâtre national... de la Communauté française inaugure un nouveau siège, le palais des Beaux-Arts se rénove et le bilingue KunstenFestival des Arts s'efforce de relier les deux cultures. En bas, de gauche à droite : chorégraphie de Platel, affiches de *Rosetta* et de *Toto le héros*, le chanteur Arno. Pages suivantes, *The Aeromodeller* et la soucoupe volante, objets poétiques et ludiques de Panamarenko, exposés en 1998 à la fondation Cartier à Paris.

Coutumes, folklore et traditions

Comme les spécialités régionales et les variétés climatiques, le folklore constitue le ciment de la Belgique. Confréries d'archers ou d'arbalétriers, concours de chant de canaris ou de pinsons y comptent autant que la colombophilie. Le jeu de balle ou le tir à l'arc sont un sport aussi national que la resquille ou la fraude fiscale. Le 421 se dit *pitchesbak* et Manneken-Pis, 559 fois plus petit que la tour Eiffel, possède plus de 700 costumes. Les musées des Égouts, du Tram et naguère du Slip sont aussi réputés que ceux de la dentelle de Bruges, de Malines ou de Bruxelles. Carillons et limonaires rivalisent en notoriété avec le carnaval de Binche, la procession du Saint-Sang à Bruges, celle des Pénitents de Furnes, qui remonte au XIIe siècle, les floralies gantoises, le bal du Rat mort à Ostende, les Journées de la chasse à Saint-Hubert, le cheval Bayard avec les quatre fils Aymon, les cérémonies de l'Ommegang, ou, à Bruxelles, la Zinneke parade (qui désigne un chien bâtard).

Grâce aux asperges à la flamande, au waterzooi et aux carbonnades, pistolets, péket (genièvre), fricadelles, tête pressée, américain (steak tartare), pralines, spéculoos, craquelin, cassonade (sucre candi), anguilles au vert, choux de Bruxelles, chicons, jets de houblon, jambon fumé d'Ardennes, fromage de Herve, sirop de Liège, et gaufres, croquettes ou tomates aux crevettes, couques de Dinant (gare aux dents !), la Belgique, pays de la « boustifaille », est encensée pour ses mets aux noms enchanteurs, que sont les ramonaches, le plattekeis, le kip-kap (fromage de tête), les caricoles, le cuberdon, la babelutte, le stoemp, la tarte al'djote de Nivelles.

En Belgique, il y a deux cents sortes de bières (ici, à Bruxelles, l'estaminet À la Mort Subite). Même les délicieuses crevettes grises (ci-dessous), « caviar de la mer du Nord », sont désormais créditées « flamandes ».

L'image du Belge à l'étranger

Jovial, bon enfant et « bonne fourchette », le Belge a le goût des kermesses et agapes publiques. Il est fidèle à ses traditions mais jaloux de sa liberté. Souffre d'un complexe d'infériorité dû à l'exiguïté du territoire et au climat pluvieux (« Quatre saisons en une journée », soupirait Baudelaire). Mais il est ravi de son accent. Il le distingue du français qui reste une langue adoptive. Joyeux drille, égrillard, roublard et débrouillard, le Belge a la peau dure.

Célèbre pour ses « Gilles » aux masques de carton (mais ici sans leurs plumes d'autruche de 1,50 mètre de haut), au costume de toile de jute farci de paille, orné de deux cents motifs et ceint de clochettes, jetant des oranges et clapotant des sabots, creusés dans du peuplier ou du saule, tenus par un ruban plissé, le carnaval de Binche a été reconnu patrimoine oral et immatériel de l'humanité par l'Unesco.

C'est un dur à cuire qui a une brique dans le ventre (65 % des Belges sont propriétaires de leur logement). Ses défauts sont le déni de l'Histoire, la mauvaise foi, l'absence de mémoire, plus ou moins volontaire, et le repli sur soi. La « déglingue » générale des institutions accroît son identité flottante. La Belgique est le seul État au monde qui a fait du torchon un emblème national !
Si le Flamand semble taiseux, tenace, un peu lourd, le Wallon est dit enjoué, loquace, assez vif. Le Belge

La crise de la démocratie est aussi économique. La Belgique n'est pas épargnée par le chômage comme lors de la fermeture de l'usine Renault, à Vilvorde (ville du Premier ministre alors en exercice), où les ouvriers se battent pour leurs emplois – plus de trois mille perdus (ci-contre).

est perçu à l'étranger comme hospitalier, honnête, franc, amusant et « gai ». Les bonnes blagues, la joie de vivre, la bonhomie, la maladresse caractérisent l'occupant de cette contrée que l'affaire Dutroux a changée en « royaume de la pédophilie ». Le fameux « pot belge » (anabolisants, corticoïdes, cocaïne, héroïne) a mis le sport cycliste sur la sellette. Et fait oublier que de tous les peuples de l'Union européenne les Belges sont parmi les plus riches. Frondeur et irrévérencieux, prompt à rire de soi, le Belge est un conformiste original et inclassable qu'incarne Jean-Claude Vandamme, belgicain type, Toots Thielemans, meilleur harmoniciste du monde, Noël Godin, entarteur gloupomane, inventeur de la tartapulte, et le décapant magazine de télévision « Strip-Tease » (« "Strip-Tease", c'est pas du cul, c'est pire ! »).

Les Sabéniens (*sic*) portent en terre la dépouille de la compagnie aérienne nationale, créée en 1923, qui avait pour devise « Par Sabena, vous y seriez déjà ! » Ce crash symbolique est vécu comme une vraie tragédie. Douze mille employés perdent leur travail.

Une histoire belge grandeur nature

Au-delà des navrantes et piquantes prises de bec locales, inaccessibles à la compréhension des étrangers, la Belgique est un pays profondément traumatisé. À preuve : l'enlèvement de l'ancien Premier ministre Paul Van den Boeynants, le 14 janvier 1989 (« Je ne sais pas d'où je viens, mais je viens de loin ») – un sommet ! ; l'assassinat d'André Cools, baron du socialisme belge, abattu le 18 juillet 1991 par deux tueurs à gages ; les tueurs fous du Brabant wallon, qui sèment la terreur dans des supermarchés, fin 1982 (28 victimes) ; le décès de la jeune Nigérienne Semira Adamu, le 22 septembre 1998, morte par étouffement lors d'une opération d'expulsion (l'État belge est reconnu civilement responsable) ; la fermeture du site Renault-Vilvorde, le 27 février 1997 ; la Marche blanche du 20 octobre 1996 (trois cent mille Belges protestent contre les carences de l'État dans le cadre de l'affaire Dutroux) ; et l'évasion le 28 avril 1998 de Marc Dutroux au nez et à la barbe de la justice. Ces drames souvent tragiques, catastrophes économiques ou traumatismes sociaux, marquent profondément les consciences. Et témoignent d'une crise de la démocratie.

La liquidation de la Sabena, déclarée en faillite le 7 novembre 2001, les matchs de football truqués, le pasteur diabolique belgo-hongrois Andras Pandy, les enquêtes judiciaires – Agusta, Dassault –, sans oublier les scandales à répétition qui émaillent la vie politique, révèlent les tourments d'une nation qui doute d'elle-même. Le point d'orgue est, bien sûr, l'« affaire Dutroux », décrite comme une « saga de l'horreur », vécue comme un séisme qui accable l'État tout entier. Met en avant le dysfonctionnement des institutions et provoque une vraie crise de régime.

Marc Dutroux apparaît comme l'horrifiant fossoyeur d'un royaume qui a vécu. Saisi, ici, la truelle à la main, il est le sinistre héros d'un tragique fait divers qui hante la Belgique.

Enlèvements, séquestrations, viols, assassinats de mineures (deux flamandes, deux francophones). Les dysfonctionnements des systèmes judiciaire et policier font courir la thèse de réseaux pédophiles qui divise, durant huit ans, les Belges entre croyants et non-croyants. Exacerbation des peurs, accusations irrationnelles. Le tueur a été condamné à la réclusion à perpétuité en juin 2004.

L'avènement du roi Albert II

Monarque d'un État vacillant, Albert II, « qui adore être roi », est tout heureux de tenir dans ses bras les deux premières joueuses mondiales, « Juju », la victorieuse francophone, et Kim, la belle perdante flamande, sur le central de Roland-Garros, le 8 juin 2003. Cet instant de gloire en partage reste à jamais gravé dans les annales du sport belge.

Sixième roi des Belges, Albert II, tremblant d'émotion, succède à Baudouin le lundi 9 août 1993. Premier roi fédéral, dans un pays en constante révolution institutionnelle, on le présente comme un « monarque post-belgicain ». C'est un homme chaleureux, bon vivant, amoureux de la Provence, qui prise les « gros cubes » et les grands crus. Et ne craint pas l'autodérision ni les mots d'esprit. Né l'année du décès du roi Albert Ier, le 6 juin 1934, le second fils de Léopold III entend incarner une monarchie moderne. Il sait qu'il a pour mission de résister aux forces séparatistes et d'insister sur le dialogue communautaire. Quatre Belges sur cinq restent très attachés à la fonction royale, à laquelle le prince de Liège a été formé dans l'ombre de son frère aîné auquel il était très lié. Il a épousé Paola Ruffo di Calabria le 2 juillet 1959. Ils ont trois enfants dont le prince Philippe qui a épousé Mathilde – cavalièrement surnommée « Mathildeke » – et sera sans doute un jour le 7e roi des Belges. Soucieux d'une image positive de son pays, Albert II, rompu aux finesses de la vie économique et sociale durant plus de trente ans, chante *De Vlaams Leeuw* lors de la fête flamande du 11 juillet. Et congratule Justine Henin-Hardenne et Kim Clijsters lors de la finale de Roland-Garros 2003. On a perçu d'abord comme « un roi de transition » celui qui se déclare « roi citoyen » ou « roi du peuple » et règne dans un style simple et populaire. Viscéralement belge, Albert II se nomme avec humour le « commis voyageur de la Belgique ». Extraverti au regard de son prédécesseur, débonnaire et amateur de bonnes choses, il a surpris son monde en avouant sa paternité extraconjugale dans son discours de Noël 1999.

Un pays de malentendus

La Belgique est aussi un pays de progrès. Il est le deuxième État au monde avec les Pays-Bas à avoir voté la loi légalisant l'euthanasie, et celle autorisant le mariage homosexuel. Le prince Laurent, deuxième fils du roi Albert II et de la reine Paola, dont le mariage fut célébré en avril 2003 par le « curé des loubards », Guy Gilbert, a déclaré qu'il voulait un parrain musulman pour son fils. Mais ce pays où les journaux gratuits sont appelés des « toutes boîtes », où on bâtit des dispensaires pour clébards et matous dans les quartiers pauvres, est aussi une aire de chamailleurs et de malcontents dont les accrocs incontinents ne sont pas que des tempêtes dans un verre de lambic. Toute l'énergie politique de la Belgique, depuis sa création, a été jalonnée par des incidents linguistiques opposant – parfois physiquement – les deux communautés. De « guéguerre » en « crisette », le germe de la séparation n'a cessé de fleurir. Au caractère dualiste du pays se superposent des divergences politiques fondamentales. Les réformes constitutionnelles en cascade n'ont pas tout résolu. Loin de là. En Belgique, on procède plus par compromis que par projets. On préfère le particulier au global. L'esprit de clocher l'emporte souvent sur l'intérêt général. Gouverner cet État « particratique » est devenu un véritable casse-tête. La crise de la justice est l'indice patent d'une nation désorganisée aux assises fort ébranlées.

Première future reine belge, Mathilde d'Udekem d'Acoz a épousé le prince Philippe le 4 décembre 1999. Francophone d'origine flamande, elle est « logopède » (orthophoniste), ce qui compte dans un pays où les problèmes d'accents sont prononcés. Et incarne avec son époux le riant espoir d'un avenir meilleur.

Pareille à un couple qui ne s'entend pas, la Belgique (au choix : *België* ou *Belgium*) est profondément divisée. On parle d'« affrontement belgo-belge », d'« État belgo-flamand », de « Belgique binationale », de « nécrose du royaume » ou de « virus séparatiste ». Et comme on appelle les choses par leur nom, le Premier ministre est décrété « asexué linguistique ».

Dans un pays submergé par les tempêtes, ébranlé dans ses assises, affaibli par la guerre sans merci que se livrent les communautés linguistiques, le roi (ici, avec la reine Paola), incarne l'idée d'un État fédéral viable et pacifique.
La monarchie va-t-elle disparaître ? Ou au contraire franchir le cap ? Sortir renforcée du fédéralisme d'union ? L'édifice belge va-t-il s'effondrer ? La Belgique est-elle en sursis ? à l'agonie ? Le fédéralisme est-il le symptôme de son futur éclatement ? Ou en fait-il un État moderne que d'aucuns prédisent exemplaire ?

Le divorce du « couple belge »

Une sorte de schizophrénie ronge la Belgique depuis sa création. L'hymne national parle de l'« invincible unité » du pays. Mais les symboles traditionnels (hymne, drapeau, fête nationale) ont depuis longtemps baissé pavillon. Les brouilles séculaires ont entraîné l'État dans un engrenage de séparation fatale. Les signes de défaillance prolifèrent. Le pays « décousu », tricoté par les puissances étrangères à l'aube de son histoire, se rétrécit comme une peau de chagrin. Au regard des grandes nations qui ont favorisé sa naissance, la Belgique n'est homogène ni par la religion, ni par la population, ni par la culture.

Aujourd'hui, le maître mot « Communauté » a supplanté l'unitarisme, perçu comme antiflamand ou antiwallon. Les Flamands radicaux présentent la Flandre comme ayant été occupée par… la Belgique. Les francophones sont assimilés à des oppresseurs. Ce qui se passe en Wallonie est rangé dans la rubrique « informations étrangères » des médias locaux. La Flandre est devenue pour nombre de ses habitants une nouvelle patrie. Ceux-ci ne se disent plus belges. La Belgique a toujours été pour eux un État antiflamand. Et la création de la nation belge est considérée comme une « erreur historique ». Depuis 1830, la Belgique n'a cessé de se découdre. La dislocation, parfois joliment dite de « velours », est désormais tout à fait effective. À présent, même Amnesty International et SOS Faim sont linguistiquement séparés. Certains parlent ouvertement d'un « après-Belgique ». D'autres évoquent pudiquement un divorce « à l'amiable ». Ou encore par « consentement mutuel ». C'est la fin d'un mariage « tumultueux », « forcé », « contre nature », voire « infernal ».

La Flandre veut-elle être un État à part (ici, un partisan d'une république flamande) ? A-t-elle atteint ses objectifs ? Marque-t-elle le pas pour mieux repartir ? Ou va-t-elle se refermer sur elle-même ?

La Wallonie entame-t-elle un nouveau départ ? Associée à Bruxelles, formera-t-elle une mini-Belgique ? Et Bruxelles ? Quel avenir pour cette « Région-Capitale » ? Deviendra-t-elle un district fédéral ? Et la capitale, une ville-district européenne ? Détachée du reste du pays, sorte de Washington belge, gérée par l'Union européenne ?

Questions subsidiaires

Pays complexe, à l'avenir incertain, la Belgique a-t-elle encore un avenir ? Va-t-elle disparaître ? Imploser ? Éclater ? Ou sera-t-elle plutôt une monarchie moderne ? Résistera-t-elle à la fragmentation communautaire ? Est-ce la fin de la démocratie belge ? de l'histoire ? Telles sont quelques-unes des questions qui se posent à la Belgique, petit pays politiquement jeune à l'existence turbulente, l'année de l'anniversaire de ses 175 ans d'existence.

PLACE DU
SIRE, IL Y A
ENCORE DES BELGES

TÉMOIGNAGES ET DOCUMENTS

Le beau royaume de l'enfance

La nostalgie du temps heureux de l'enfance inspire un sentiment d'affection envers la terre des origines. La Belgique devient alors un domaine idéal, bien souvent lié à la mer – pays où le temps s'arrête –, d'où émergent comme par magie les paysages lointains du souvenir.

Les brumes de Bruges

Georges Rodenbach, l'auteur de Bruges-la-Morte, *ressuscite en songe la Flandre de son imagination.*

Qui peut se vanter d'échapper au mal du pays? L'absence a des philtres subtils. D'autant plus que le pays est aussi le passé, les chambres de l'enfance où dorment, dans les miroirs, les visages d'aïeules mortes, où fume la cassolette d'encens de la première ferveur.

Ainsi les souvenirs d'enfance, si obstinés et si attendrissants reviennent avec ceux du pays. On croyait pouvoir oublier facilement son pays, on ne peut pas oublier son enfance. Et parfois, dans la vacuité du dimanche parisien, il nous semblait nous revoir, tout petit, dans une ville plus morte. Les cloches qu'on n'entend pas ici, les jours ordinaires, à cause de la rumeur des passants, du fracas des voitures, arrivaient distinctes, cette fois encore un peu vagues et comme exténuées d'absence. N'étaient-ce pas les cloches du passé cheminant jusqu'à nous du bout de l'horizon? Son récupéré des cloches flamandes, tristesse des cloches de cette Bruges-la-Morte originelle qui, à la même heure, tintaient pareillement! Et soudain toute la ville s'évoquait : les rues noyées de brume en ce dimanche otieux, de rares passants, quelques béguines rapides s'en venant d'un salut de paroisse, les maisons à pignons, les quais déserts, les tours enguirlandées d'un vol de corneilles noires, les fumées incolores au-dessus des toits, les canaux dont l'eau inerte s'orne de beaux reflets, vie somnambulique et sous-marine, maquillage délayé des Ophélies! Alors, tel que Vamireh gravant la renoncule cueillie, c'est-à-dire presque quittée; tel que la fille de Dibutade arrêtant le profil du fiancé parti, nous nous mîmes comme machinalement à tracer des mots, des rythmes, des images, des livres qui fussent la ressemblance de la petite patrie, cette petite patrie de la Flandre que nous n'avons recréée et ressuscitée pour nous, dans le mensonge de l'art, qu'à cause précisément du recul et de la nostalgie de Paris.

C'est ainsi. On n'aime bien que ce qu'on n'a plus. Le propre d'un art un peu noble, c'est le rêve, et ce rêve ne va qu'à ce qui est loin, absent, disparu, hors d'atteinte. Pour bien aimer sa petite patrie, – car il faut qu'on aime ce qu'on va traduire en art, – le mieux est qu'on s'en éloigne, qu'on s'en exile à jamais, qu'on la perde dans la vaste absorption de Paris, afin qu'elle soit lointaine au point d'en sembler morte. Car il n'y a que les morts qu'on aime vraiment d'un invariable amour, anobli par l'absence éternelle, sans plus ni heurts, ni tiédeur, ni malentendus. Il n'y a que les morts qu'on puisse aimer toujours.

Georges Rodenbach,
«Paris et les petites patries», 1895

Le rêve du passé

Pour Suzanne Lilar, la musique du souvenir réveille l'odeur endormie du passé.

Pourquoi est-ce la chanson flamande qui m'imprégna et non la française que chantait mon père, qui était tout bruissant de musique comme un arbre d'oiseaux? J'ai rappelé ailleurs l'époque où il répétait sans cesse sa partie dans le *Requiem* de Mozart. Mais en dehors du *Petit Quinquin* (qui faisait partie des alluvions laissées par le séjour de mon père à Lille), je ne me souviens d'aucune chanson populaire ou ancienne. En revanche les chansons de Marie demeurent en moi, prêtes à se réveiller en même temps qu'une fine odeur de papier brûlé car elle me les chantait en repassant. J'aimais son répertoire qui convenait à merveille à mes dix ans, ses rythmes simples, scandés sur le pas lourd des chevaux et des hommes ou qui épousaient au contraire le tendre balancement des berceuses, sa belle rhétorique, ses cascades d'apostrophes introduites par les ô vocatifs (ô mer du Nord, ô Escaut, ô Flandre, ô Néerlande), ses prosopopées qui faisaient parler les fleuves et les cloches. Tout y était non, à la mesure mais à la démesure du cœur. On y était fidèle «tot in den dood» (jusqu'à la mort). Le «altijd» (toujours) y faisait pendant au «nooit» (jamais), l'un et l'autre en appelant pareillement à l'absolu.

Suzanne Lilar,
Une enfance gantoise, Grasset, 1976

La Flandre des songes

«Longtemps j'ai cru ne pas avoir de souvenirs d'enfance», écrit Marguerite Yourcenar qui quitte la Belgique à 2 ans.

Quand on chemine dans la plaine qui va d'Arras à Ypres, puis s'allonge, ignorante de nos frontières, vers Gand et vers Bruges, on a le sentiment d'avancer sur un fond dont la mer s'est retirée la veille, et où il se peut qu'elle revienne demain. [...] Des monts qu'on appellerait ailleurs des collines, le Mont Cassel, relayé au nord par la quadruple vague des Monts de Flandres, le Mont-des-Cats, le Mont Kemmel, le Mont-Rouge, et le Mont-Noir dont j'ai une connaissance plus intime que les autres, puisque c'est sur lui que j'ai vécu enfant, bossuent ces terres basses.

[...] Mais nous allons trop vite : nous dégringolons malgré nous la pente qui nous ramène au présent. Contemplons plutôt ce monde que nous n'encombrons pas encore, ces quelques lieues de la forêt coupée de landes qui s'étale presque ininterrompue du Portugal à la Norvège, des dunes aux futures steppes russes. Recréons en nous cet océan vert, non pas immobile, comme le sont les trois quarts de nos représentations du passé, mais bougeant et changeant au cours des

heures, des jours et des saisons qui fluent sans avoir été computés par nos calendriers et par nos horloges. [...] Tournons avec la terre qui roule comme toujours, inconsciente d'elle-même, belle planète au ciel. Le soleil chauffe la mince croûte vivante, fait éclater les bourgeons et fermenter les charognes, tire du sol une buée qu'ensuite il dissipe. Puis, de grands bancs de brume estompent les couleurs, étouffent les bruits, recouvrent les plaines terrestres et les houles de la mer d'une seule et épaisse nappe grise. La pluie leur succède, résonnant sur des milliards de feuilles, bue par la terre, sucée par les racines; le vent ploie les jeunes arbres, abat les vieux fûts, balaie tout d'une immense rumeur. [...] Et, quand la lumière de la lune ne les occulte pas, les étoiles luisent, à peu près placées comme elles le sont aujourd'hui, mais non encore reliées entre elles par nous en carrés, en polygones, en triangles imaginaires, et n'ayant pas encore reçu des noms de dieux et de monstres qui ne les concernent pas.

Marguerite Yourcenar,
Archives du Nord,
Gallimard, 1977

Le plat pays

L'hymne national belge officieux est une chanson que Jacques Brel composa en huit jours.

Avec la mer du Nord pour dernier
[terrain vague
Et des vagues de dunes pour
[arrêter les vagues
Et de vagues rochers que les marées
[dépassent
Et qui ont à jamais le cœur à marée basse
Avec infiniment de brumes à venir
Avec le vent de l'est écoutez-le tenir
Le plat pays qui est le mien
Avec des cathédrales pour uniques
[montagnes
Et de noirs clochers comme mâts
[de cocagne
Où des diables en pierre décrochent
[les nuages
Avec le fil des jours pour unique voyage
Et des chemins de pluie pour unique
[bonsoir
Avec le vent d'ouest écoutez-le vouloir
Le plat pays qui est le mien

Avec un ciel si bas qu'un canal s'est perdu
Avec un ciel si bas qu'il fait l'humilité
Avec un ciel si gris qu'un canal s'est
[pendu
Avec un ciel si gris qu'il faut lui pardonner
Avec le vent du nord qui vient s'écarteler
Avec le vent du nord écoutez-le craquer
Le plat pays qui est le mien

Avec de l'Italie qui descendrait l'Escaut
Avec Frida la Blonde quand elle devient
[Margot
Quand les fils de novembre nous
[reviennent en mai
Quand la plaine est fumante, et tremble
[sous juillet
Quand le vent est au rire quand le vent
[est au blé
Quand le vent est au sud écoutez-le chanter
Le plat pays qui est le mien.

Jacques Brel,
Le Plat Pays, 1962,
Éd. Pouchenel

La côte belge

Cuistax, babelutes, brise-lames et cerfs-volants…

C'est à la côte belge qu'enfant
je passais mes vacances.
C'est à la côte belge que j'ai pris mes
plus beaux bains de mer.

C'est à la côte belge que j'ai roulé à vélo le plus longtemps.
C'est à la côte belge que j'ai vu les plus beaux ciels.
C'est à la côte belge qu'il y a les fiers brise-lames.
C'est à la côte belge que la mer se retire le plus loin.
C'est à la côte belge que le vent est le plus tonique.
C'est à la côte belge que vrombissent les cerfs-volants.
C'est à la côte belge qu'il y a des cabines de bains blanches que les chevaux tractaient jadis sur le sable.
C'est à la côte belge qu'il y a Marie Siska et avant Oskar avec des balançoires, des rouleaux et un mini-palais des glaces.
C'est à la côte belge qu'on mange des gaufres avec un Cécémel.
C'est à la côte belge que j'ai participé aux courses en sac.
C'est à la côte belge qu'on fait du *cuistax*.
C'est à la côte belge que j'ai roulé en *go-kart.*
C'est à la côte belge qu'on dressait des châteaux forts.
C'est à la côte belge qu'on échangeait des coquillages et des couteaux contre des fleurs en papier crépon de tous les tons.
C'est à la côte belge qu'on prend les meilleurs bains de soleil, en mai, quand les rayons du soleil sont le plus forts.
C'est à la côte belge qu'on vend les meilleures glaces.
C'est à la côte belge qu'on sent l'iode saler les doigts.
C'est à la côte belge qu'on déguste des langoustines.
C'est à la côte belge qu'on boit les meilleurs Pimm's.
C'est à la côte belge qu'on frime à «la place m'as-tu vu?»
C'est à la côte belge qu'il y a la librairie Corman.
C'est à la côte belge qu'existait dans les années soixante le festival du film expérimental qui était vraiment d'avant-garde.
C'est à la côte belge qu'il y a les plus vieux James Ensor, ainsi que des autoportraits géniaux de Spilliaert..
C'est à la côte belge que Félix Labisse achetait son journal.
C'est à la côte belge que Magritte fit exécuter son immense fresque, assez peu réussie, dans une salle du casino de Knokke.
C'est à la côte belge que les surréalistes belges ont pris leurs photos géniales, souvent estampillées «côte belge.»
C'est à la côte belge que j'ai tourné un film sur Reiser qui s'est baigné dans la mer glacée en riant comme un enfant.
C'est à la côte belge que se sont ouvertes les portes d'un ferry en partance pour Douvres, faisant des dizaines de morts.
C'est à la côte belge, en voiture, que j'ai appris le décès de Romy Schneider.
C'est à la côte belge que je réalise que je ne suis pas riche.
C'est à la côte belge que j'ai pensé me réfugier quand j'ai décidé de quitter la Belgique et ne savais où aller.
C'est à la côte belge que parfois je marche, respire, réfléchis.
C'est à la côte belge que j'aime beaucoup moins me rendre car avec le temps, je n'y connais plus personne.
C'est à la côte belge que je sens que le temps passe.
C'est à la côte belge qu'un jour je cesserai d'aller parce que les Flamands ont, paraît-il, décidé qu'on ne dirait plus la côte belge, mais la côte flamande : *de vlaamse kust*.

Patrick Roegiers,
Le Mal du Pays, autobiographie de la Belgique,
Éd. du Seuil, Paris, 2003

Des étrangers sur une terre d'accueil

Aire d'exil pour bien des sommités, ravis de s'y trouver autant que de se l'approprier, la Belgique, si souvent malmenée, devient le socle de la débâcle, déchaîne l'ire de ses hôtes involontaires, ou se hausse au contraire au rang de nation moderne exemplaire.

Le lion de Waterloo

Proscrit de luxe, Hugo rédige Les Misérables *sur les lieux mêmes de la bataille de Waterloo. «J'ai fait l'autopsie de la catastrophe!» s'exclame-t-il.*

Nuit du 28 au 29 mai 1861. Orage. Pluie. Tonnerre. Larges éclairs sur le lion de Waterloo. Le lion de Waterloo, point culminant de tout ce large horizon, a cette particularité qu'il coupe les orages en deux et les partage, selon le vent, tantôt entre Ohain et Plancenoit, tantôt entre la Hulpe et Braine-l'Alleud. Chose remarquable, depuis un demi-siècle qu'il est là, debout, masse de fer énorme, sans paratonnerre, sans défense, à la pointe d'une cime de cent cinquante pieds de haut, au milieu des nuages, jamais l'éclair ne l'a touché. Il semble qu'il ne court aucun risque d'être renversé de ce côté-là. Serait-ce que le tonnerre du ciel sait que cette besogne est réservée au tonnerre de la terre?

De cette bataille gagnée par le hasard, on a fait une bataille gagnée par les hommes. Faute grave. Faute plus grave encore, à l'erreur on a ajouté un monument. Où Dieu n'avait fait qu'une plaine et n'avait jeté qu'une leçon, les hommes ont mis une montagne et un lion. Fausse montagne, faux lion. La montagne n'est pas en roche et le lion n'est pas en bronze. Dans cette argile, façonnée en hauteur, dans cette fonte, peinte en airain, dans cette grandeur fausse, on sent la petitesse. Ce n'est pas un lieu, c'est un décor.

Victor Hugo, *Choses vues*, III

L'indifférence totale de Bruxelles

Réfugié à Bruxelles, Baudelaire parle pour une assistance clairsemée sous l'œil de Camille Lemonnier, qui trace un portrait saisissant du poète magnifique.

Je n'oublierai jamais ce soir mémorable. Les journaux bruxellois avaient annoncé une conférence de Baudelaire, sans commentaires. Le fait d'un grand poète, d'un des esprits absolus de ce temps, promulguant sa foi littéraire publiquement, semblait encore négligeable. Il faut se rappeler l'indifférence totale de Bruxelles d'alors pour la littérature : un petit nombre de lettrés seulement connaissaient l'auteur des *Fleurs du Mal*; on vivait dans un air saturnien où se plombait l'Idée. […]

Une petite table occupait le milieu de l'estrade; il s'y tenait debout, en cravate blanche, dans le cercle lumineux épanché d'un carcel. La clarté tournoyait autour de ses mains fines et mobiles; il mettait une coquetterie à les étaler; elles avaient une grâce presque féminine en chiffonnant les feuillets épars, négligemment, comme pour suggérer l'illusion de la parole improvisée. Ces mains patriciennes, habituées à manier le plus léger des outils, parfois traçaient dans l'air de lents orbes évocatoires; ou bien elles accompagnaient la chute toujours musicale des phrases de planements suspendus comme des rites mystiques.

Baudelaire évoquait, en effet, l'idée d'un homme d'Église et des beaux gestes de la chaire. Ses manchettes de toile molle s'agitaient comme les pathétiques manches des frocs. Il déroulait ses propos avec une onction quasi évangélique; il promulguait ses dilections pour un maître vénéré de la voix liturgique d'un évêque énonçant un mandement. [...]

Au bout d'une heure, l'indigence du public se raréfia encore, le vide autour du magicien du Verbe jugea possible de se vider davantage; il ne resta plus que deux banquettes. Elles s'éclaircirent à leur tour : quelques dos s'éboulaient de somnolence et d'incompréhension. Peut-être ceux qui restaient s'étaient-ils émus d'un penser secourable : peut-être ils demeuraient comme un passant accompagne dans le champ funèbre un solitaire corbillard. Peut-être aussi c'étaient les huissiers et les messieurs de la commission retenus à leur poste par un devoir cérémonieux.

Le poète n'eut pas l'air de remarquer cette désertion qui le laissait parler seul entre les hauts murs parcimonieusement éclairés. Une dernière parole s'enfla comme une clameur : «Je salue en Théophile Gautier, mon maître, le grand poète du siècle.» Et la taille rigide s'inclina, il eut trois saluts corrects comme devant une assemblée véritable. Rapidement une porte battit. Puis un huissier emporta la lampe; je demeurai le dernier dans la nuit retombée, dans la nuit où sans écho était montée, s'était éteinte la voix de ce Père de l'Église littéraire.

Camille Lemonnier,
La Vie belge, Fasquelle, 1905

«Bruxelles, irréparablement belge»

Octave Mirbeau, qui révéla Maeterlinck dans un article retentissant dans Le Figaro, *cloue au pilori les mœurs belges tournées en dérision.*

Il y a de quoi s'irriter d'avoir roulé, depuis la frontière, sur d'infâmes pavés, sur d'immenses vagues de pavés, d'avoir traversé le Borinage noir et fumant au soleil, avec des éclats de métaux, et qui, toutes les nuits, incendie la nuit de ses bouillonnements de forge et de ses flammes d'enfer, pour n'aboutir qu'à cette ville si parfaitement inutile, si complètement parodique : Bruxelles. Bruxelles!

Vraiment, il est insupportable, et même un peu humiliant de se sentir dans cette capitale des sociétés de tramways du monde entier, reine de l'industrie des asperges précoces, des endives amères et des raisins de serre sans goût [...]

Après des révolutions, dans le genre des nôtres, bien entendu, ils ont été chercher, pour l'installer dans cette capitale nulle, une dynastie de principicules allemands, mâtinés de quoi?... de d'Orléans. Les drôles de gens!

Il n'est pas moins admirable qu'ils poursuivent l'effort paradoxal de se faire une nationalité autonome avec des résidus de tant de races si mal amalgamées, de même qu'ils s'acharnent à se faire une langue officielle avec un patois.

Qu'on parle flamand en Flandre, wallon en Wallonie, mais, je vous en prie, monsieur Picard, qu'ils continuent de parler, à Bruxelles, ce belge que vous parlez si bien!

Car si toute la Belgique est merveilleusement flamande, Bruxelles n'est que belge, irréparablement belge. Nulle part ailleurs, on ne rencontre plus d'effigies en pierre, en marbre, en bronze, en saindoux, en pain d'épices, de ce lion qui n'est ni héraldique, ni zoologique, de ce lion qui n'est pas méchant, qui n'est pas un lion, pas même un caniche, qui ressemble si fort au lion des Grands Magasins du Louvre, et à qui est réservé, sans doute, le destin léopoldien de devenir, un jour, l'enseigne des Grands Magasins du Congo.

«L'union fait la force», répète partout l'inscription bilingue. C'est l'union de toutes les imitations qui fait la force de leur comique.

Octave Mirbeau,
«Bruxelles», 1908, in *LA 628 – E 8, 1908*

La Belgique moderne

Esprit universel, ami intime de Verhaeren, l'Autrichien Stefan Zweig perçoit la vaste complexité de ce pays neuf, aussi mal dans sa peau que dans ses mots.

La Belgique est un des carrefours de l'Europe. Bruxelles, cœur d'un immense système artériel de voies ferrées, est éloignée de quelques heures à peine de l'Allemagne, de la France, de la Hollande, de l'Angleterre. Dès qu'on quitte les côtes belges, les plaines sans chemin de la mer s'ouvrent vers tous les pays et vers toutes les races. Ce territoire n'est pas grand, mais c'est un miroir à mille facettes qui présente en raccourci comme un abrégé du multiple univers. Tous les contraires s'y dressent face à face, avec des contours aigus. Le train haletant passe devant les charbonnages, les hauts fourneaux qui, dans un ciel de cendres, clament le verbe en feu du travail; voici qu'il traverse des champs dorés et de vertes prairies où paissent des vaches bien soignées et superbes; puis ce sont de grandes villes, où le ciel se hérisse d'innombrables cheminées; c'est, enfin, la mer – le Rialto du Nord – où s'en viennent et d'où partent des montagnes de cargaisons, où le commerce occupe des milliers de mains. La Belgique est à la fois agricole et industrielle, conservatrice et catholique en même temps que socialiste; elle est riche et elle est pauvre. [...]

La race elle-même est le produit de la lutte perpétuelle de deux races : Flamands et Wallons. Ici, les contrastes se défient en toute franchise, clairement et directement : d'un seul coup d'œil on voit toute la bataille. [...]

Les Germains parlent en français et les Français sentent en flamand. Malgré son patronyme, Pol de Mont est un poète flamand. Verhaeren, Maeterlinck, Van Lerberghe, dont aucun Français n'est capable de prononcer le nom correctement, sont des poètes français.

Stefan Zweig, «Émile Verhaeren», 1910,
in *La Belgique fin de siècle,*
romans – nouvelles – théâtre,
Eekhoud, Lemonnier, Maeterlinck,
Rodenbach, Van Lerberghe, Verhaeren,
Édition présentée par Paul Gorceix,
Ed. Complexe, 1997

La main tendue

L'expatriation de nombreux artistes belges favorise le contact avec les créateurs hexagonaux, ce dont témoigne ce tableau de Théo Van Rysselberghe.

La fougue d'Émile Verhaeren (de dos, dans son habituelle veste rouge) se lit dans le geste théâtral du poète peint en 1903 dans *Une lecture* par Théo Van Rysselberghe, flamand francophone expatrié en France comme tant de

Une lecture de Théo Van Rysselberghe, 1903.

compatriotes écrivains. Considérée comme l'emblème des rapports artistiques franco-belges au tournant du siècle, cette toile brossée à touches vives fait écho à *Hommage à Delacroix, 1864* de Henri Fantin-Latour ou encore *Hommage à Cézanne, 1900* de Maurice Denis. On y reconnaît, saisis dans le cabinet de travail de Saint-Cloud où celui que Stefan Zweig décrit comme «le prophète des temps nouveaux» s'est installé définitivement en 1902, assis de gauche à droite, Félix Le Dantec, Francis Vielé-Grieffin, Henri-Edmond Cross, André Gide (proche du couple Van Rysselberghe – surtout de Maria), Maurice Maeterlinck, futur prix Nobel ; debout, Félix Fénéon accoudé à la cheminée et Henri Ghéon. Figés dans une attitude méditative, tous sont baignés d'une irréelle lumière bleue qui accroît le climat d'écoute et d'attention de cette scène purement imaginaire (les personnalités figurant dans cette scène ne se sont jamais trouvées ensemble dans le même endroit). Il s'agit à la fois d'un classique portrait de groupe et de l'inattendu portrait d'un écrivain, liseur fougueux qui laisse parler sa main aux doigts groupés par deux. Et dont on taxait ainsi la prose : «Galimatias !», «Vulgaire», «Pas français !». Satisfait de sa composition, Van Rysselberghe, que le poète ami qu'il admire déclara «armé pour le chef-d'œuvre», écrira modestement dans une lettre datée du 28 avril 1903 : «Si je puis mener à bonne fin la toile *Une Lecture*, ce sera certainement un de mes meilleurs tableaux ; cela encore n'est pas pour effrayer le bon Dieu (qui en a vu d'autres) mais cela intéressera toujours un peu mes amis.» Ce tableau magnifique est aujourd'hui visible au musée des Beaux-Arts de Gand.

Patrick Roegiers, Paris, décembre 2004

La Belgique vue par les Belges eux-mêmes

Incarnant le rêve d'un pays qui n'existe pas ou figurant à l'inverse l'horreur d'un pays occupé par lui-même, la Belgique ne ménage pas ses propres enfants qui s'en réclament malgré elle ou se déclarent apatrides.

Le Belgicain type

Hergé crée, à dessein, le Belge moyen, Séraphin Lampion, et le parler «petit-nègre».

Hergé. – Ah! Lampion… J'ai voulu que ce soit lui qui ait des doutes! La suffisance bourgeoise et «belgicaine»... Vous avez dû souvent le rencontrer en Belgique, non?

Sadoul. – Vous savez, je l'ai vu aussi en France!

Hergé. – Oui, il doit exister en France également. Mais peut-être est-il plus marqué ici : le Bruxellois rebondi et sûr de lui! Celui à qui on ne la fait pas!... Et l'accent «Beulemans», par-dessus tout ça... Lampion et cette famille odieuse! Quelle horrible chose!

Sadoul. – Je vais vous faire une confidence : lorsque j'étais à Djibouti, alors que j'avais à peine trois ans, le premier livre dont je me souvienne avoir fait la connaissance est *Tintin au Congo*. Justement, j'y étais né, au Congo!

Hergé. – Ah, ça c'est amusant!…

[…] On m'avait reproché de faire parler mes Noirs en «petit-nègre», ce qui signifiait n'est-ce pas? que j'étais bel et bien un méchant raciste! Dans la nouvelle version de l'album, je les fais s'exprimer comme dans les romans traduits de l'américain. C'est plus direct et certainement plus juste aussi. Ils ne disent plus : «Missié, nous y'en a», mais : «M'sieur, on est»… Il est vrai que le style «y'a bon Banania» est tout à fait conventionnel et peu conforme à la réalité. Mais comment faire pour donner l'impression que ces Noirs parlent comme des Noirs?... Pour le reste, mes Noirs ne sont ni ridicules, ni bafoués; ou s'ils le sont, ils ne le sont certainement pas plus que les Blancs, ou les Jaunes, ou les Rouges que j'ai mis en scène. Mes personnages sont tous des caricatures, ne l'oubliez pas!... Ceci dit, mes Noirs, ici, sont opprimés et Tintin prend leur défense, parce que Tintin est, depuis toujours, contre l'oppression.

Sadoul. – Vous parlez de convention : il est certain que faire parler les Noirs en «petit nègre» relève davantage d'une naïve tradition comique que d'un racisme sous-jacent. Mais enfin, bon, il n'est pas mauvais de bousculer parfois les traditions... Je crois que *Tintin au Congo*, pour des raisons analogues, a subi une assez longue quarantaine?

Hergé. – Oui. Mais vous savez où il a reparu pour la première fois? Dans une revue zaïroise!...

Sadoul. – On a souvent dit et répété que vous étiez raciste. […]

Hergé. – Je réponds que toutes les opinions sont libres, y compris celle de prétendre que je suis raciste… Mais enfin, soit! Il y a eu *Tintin au Congo*, je le reconnais. C'était en 1930. Je ne connaissais de ce pays que ce que les gens en racontaient à l'époque : «Les nègres sont de grands enfants… Heureusement pour eux que nous sommes là! etc.» Et je les ai dessinés, ces Africains, d'après ces critères-là, dans le plus pur esprit paternaliste qui était celui de l'époque, en Belgique. Plus tard, au contraire, dans *Coke en stock* – et même si l'on y parle «petit-nègre» –, il me semble que Tintin fait assez la preuve de son antiracisme, non?... C'est comme avec les romanichels des *Bijoux*. L'attitude de Tintin et celle du capitaine Haddock sont identiques : ils prennent leur défense, à l'encontre de tous les préjugés. Seulement dans *Coke en stock*, en montrant des Noirs promis à l'esclavage et des Arabes esclavagistes, je fais aussi du racisme, mais vis-à-vis des Arabes, cette fois! On n'en finira jamais!... Pour *Le Congo*, tout comme pour *Tintin au pays des soviets*, il se fait que j'étais nourri des préjugés du milieu bourgeois dans lequel je vivais. […] Et notez que, déjà dans *Tintin en Amérique*, je montrais la puissance blanche, la finance blanche exploitant les Indiens. [...] Je ne cherche pas à m'excuser : j'avoue que mes livres de jeunesse étaient typiques de la mentalité bourgeoise belge d'alors : c'étaient des livres «belgicains»!…

Sadoul. – C'est un mot à vous, ça?

Hergé. – C'est un mot du langage courant que j'utilise parfois : il est plus fort que «belge». Il exprime bien, je trouve, le côté suffisant et borné de certains de mes compatriotes.

Numa Sadoul, *Tintin et moi*, entretiens avec Hergé, Éd. Casterman, 1975

L'ignorance d'une contrée d'amnésie

Le périlleux retour au pays natal frappe de plein fouet Henri Michaux.

Je n'y retourne jamais, dans ce foutu pays qui fut le nôtre. L'année dernière, j'ai été malade. Je ne sais pas ce qui m'a pris. J'ai éprouvé le besoin de revoir Namur, après une absence de trente ans. Ça m'a déprimé, mais autant boire le poison jusqu'à la lie. J'ai fait le tour de quatre libraires qui comptent, j'ai demandé s'ils avaient des livres de moi, et je me suis nommé. Tous les quatre m'ont répondu : «Henri Michaux, on connaît pas ça, monsieur.»

Henri Michaux, *Œuvres complètes,* III, la Pléiade, chronologie LVII, 2004,

«Le chagrin des Belges»

Hugo Claus montre par la fiction que la peste brune qui sévit aujourd'hui puise sa sève dans le terreau des années noires.

– On parle aussi d'un État de Flandre séparé. Ceux du VNV sont contre, ils veulent la Grande-Néerlande (comme si les Hollandais allaient être fous de joie d'attraper d'un seul coup tous ces catholiques sur le dos). Les DINASO sont contre, eux, ils veulent l'Empire bourguignon. Le DEVLAG est contre, il veut nous incorporer dans le Grand Reich allemand, qui deviendra bientôt le Grand Reich européen et tout de suite après le Grand Reich mondial de Mille Ans. Mais alors, qui est partisan d'un État de Flandre autonome? En tout cas, il y en a un : c'est Papa, chez le coiffeur Félix.

«Pour être enfin entre nous après tous ces siècles où on a été asservis et couillonnés. Mais alors, sous la direction de gens décidés qui sauraient enfin où nous allons. Pas comme dans la Belgique d'hier, qui a eu douze gouvernements en six ans de temps, et pas un seul de ces gouvernements n'a été réglementairement renversé par le Parlement. Non, c'était tout le temps le même petit jeu de fous : “Ah, vous les libéraux, vous profitez de cette combine, c'est bon, nous démissionnons", ou "Ha ha, vous les socialistes, vous prenez des pots-de-vin, nous on se retire". Et bardaf, de nouveau un gouvernement sur son cul. La seule chose sur laquelle ils étaient d'accord, c'était combien de petits postes ils allaient donner à leurs copains. Toi, tu t'assieds là, moi ici, la danse des chaises!

– Bah, et si tu étais à leur place? dit Félix en savonnant Parrain.

– Une main ferme. Mais une main intelligente et une main sensible, dit Papa.

– Ça fait beaucoup de mains pour un seul homme, dit un calculateur.

– Staf, un petit poste de leader de la Flandre, ça serait quelque chose pour toi, dit un farceur.

– Il déclarerait tout de suite la guerre à Bruxelles, dit un stratège.

– Bruxelles a toujours été une ville flamande!

– Faudra que tu ailles le leur expliquer en français là-bas, dit un homme pratique.

– Je leur ferais entrer le flamand dans la tête à coups de marteau! hennit Papa.»

Hugo Claus,
Le Chagrin des Belges,
traduit du néerlandais par Alain Van Crugten, Julliard, 1985

«L'animal Belgique»

La Belgique fabuleuse autant que ruminante n'échappe pas à la verve acide de Conrad Detrez.

La Belgique ne ressemble à nulle autre terre émergée, aucune créature connue, aucun élément sorti de l'eau. C'est un mammifère unique, amphibie, quelque chose comme un veau marin. Côté Flandre le veau a fait trempette; côté Wallonie il broute, court les vaches. La Belgique est un animal qui parle deux langues et trente-six patois. Quand il est flamand, l'animal se rend à la messe, joue dans les processions, les pénitents, mange des moules, des patates et il fait des petits. Quand il est wallon, il se met volontiers en grève, bouffe du curé et du beefsteak, fait l'amour. Le veau contre lui-même est divisé.

La Belgique est une bête angoissée, elle doute d'elle-même, de sa nature, de sa place dans le bestiaire de l'Europe. C'est ce qui la rend rêveuse et la pousse tantôt à la dépression, aux bégaiements, aux errements, tantôt à l'exaltation, aux spéculations. Ses rejetons dès lors ne peuvent être que des tordus ou des commerçants : tordus ses peintres et ses poètes, Jacques Brel, Michaux. Permeke, Magritte, Ruysbroec, William Cliff… Commerçants et sûrs d'eux (comme en France), tous les autres : les apothicaires, les marchands de clous, les ministres, les Madame Pipi et les échevins de la culture.

L'animal Belgique cependant. on a tout fait pour le domestiquer, le policer, le rendre fier. On lui a octroyé une reine, un roi, une cour, un grand maréchal et des serres où fleurissent les plus somptueux bégonias du monde. On l'a bien nourri. On lui a donné des prairies humides et toujours vertes, du colza dont les fleurs blondissent sous la pluie, des champs où s'épanouissent des betteraves si grosses, aux feuilles si lourdes, si grasses et si merveilleusement déployées qu'on a bien raison de les voir comme des végétaux irréels. Les betteraves, en terre limoneuse du pays de Waremme ou de Saint-Trond, ont la beauté des plantes qui croissent dans les contrées de l'au-delà. Elles sont des légumes infernaux. […]
Il faut visiter la Belgique. Naturellement dès qu'on parle tourisme tout le monde pense à Bruges (et son béguinage), à Liège (et son palais des Princes-Évêques), à Furnes (et son beffroi), à Namur (et sa citadelle), à Gand, à Tournai, Anvers ou Dinant… Mais connaît-on Erps-Kwerps, dont le nom à

lui seul fait rêver? Et Houffalize?
Et Arlon, mystérieuse comme les villes où jamais personne ne va? [...]
On dit aussi que le Borinage est laid et qu'il vaut mieux visiter, si on vient de France, les Ardennes, ou, des Pays-Bas, la Campine. Et c'est vrai, les Ardennes verdoient et le vent dans les futaies flatte l'oreille. La Campine, elle, possède la plus grande variété d'ocres et de roux de toutes les contrées où il pleut. Est-on pour autant dans le droit d'affirmer que le noir et le gris du monde borin ne sont que saletés. Là, Van Gogh a trouvé des êtres et des paysages qui l'ont ému, qu'il a dessinés. La laideur, la tristesse, l'amertume et la crasse du Borinage ont sur toutes les autres cet avantage d'être plus épaisses, plus profondes, plus irrémédiables. Cet endroit peut prétendre au titre de Paysage du Néant. [...]

La Belgique mammifère amuse, dit-on, les Français. Est-ce pour la gourmandise, le plaisir facile? Est-ce par besoin de s'abaisser ou de s'élever?
La France pourtant a ses côtés veau.
Mais le veau français est trop sage.
Il est éduqué, il raisonne, il possède la glande pinéale. Et il ne patauge pas autant que son voisin dans l'eau. Le veau belge croit utile de calquer le français.
Il a tort. Jamais il n'arrivera à larmoyer aussi artistement que Julien Green ou François Mauriac. Jamais il ne sera, comme à Paris, une bête élégante.

Le veau belge doit rester un malappris, un naïf. Il doit courir après sa queue jusqu'à la fin des temps.
De cette insistance naît l'attitude métaphysique. Le Belge y excelle.
C'est sa gloire. La Belgique, comme dans les légendes, est un animal fabuleux.

Conrad Detrez,
Télérama,
9 mai 1979

Une apatride belge

Le grincement des rails du tramway titille la fibre sensible d'Amélie Nothomb.

Quand les Parisiens me demandent où j'habite, je réponds : «À Bruxelles.»
Et quand les Bruxellois me demandent où je vis, je réponds : «À Paris.» Cela me permet de refuser toutes les invitations sans même devoir mentir.
Car je vis bel et bien à Paris et à Bruxelles.
Je ne sais pas si cela me convient – je crois que rien ne me convient – mais c'est la seule solution que j'ai trouvée. [...]
Il me serait totalement impossible de renoncer à l'un de ces deux pôles géographiques de mon existence. [...]

De toute façon, je ne me sens bien nulle part. Cela s'appelle être apatride, j'imagine. Et cependant, si je ne suis chez moi nulle part, je n'en suis pas moins une apatride belge. Pourquoi? À cause du dépôt de trams situé près de chez moi, à Bruxelles. C'est un lieu qui me parle. Quand des amis étrangers me demandent de leur faire visiter «ma» ville, je leur montre le dépôt de trams. Ce spectacle semble les consterner plus qu'autre chose. Je ne parviens pas à leur expliquer la magie de cet endroit.

Le matin, à cinq heures, après m'être débattue pendant des heures contre l'angoisse de l'insomnie, quand j'entends le chant des premiers trams qui quittent le dépôt, je sais que la nuit est vaincue et ce soulagement est délectable. Le chant des premiers trams qui partent pour l'infini est pour moi la musique de la rédemption. Il n'existe pas d'équivalent parisien à cette poésie. Donc, si je suis belge, c'est par les trams, mes compatriotes préférés.

Amélie Nothomb,
in *La Belgique toujours grande et belle*,
composé par Antoine Pickels
et Jacques Sojcher, *Revue de l'Université de Bruxelles*, Éd. Complexe, 1998

La langue belge n'existe pas, il faut donc l'inventer

Traitée de tous les noms, la langue belge n'existe pas. C'est un sabir, un baragouin d'Apache, un jargon carillonnant que font retentir avec brio des chefs d'orchestre du verbe qui accordent, composent l'écho de leurs merveilleuses trouvailles comme une symphonie.

Un cri d'alarme

D'une langue carillonnante et vibratile, tissée d'orions et d'assonances, l'Ostendais James Ensor, qui ne savait pas un mot de flamand, lance un double cri d'alarme.

Signalons caricaturalement les méfaits de nos vandales au chef étriqué, mâche-briques imprévoyants, démolisseurs à suçoir pétaradant mille incongruités pittoresques. Progressistes à rebours nous exposant aux risées de l'étranger. Il faut créer sensément, non démolir aveuglément. Oui, le règne de nos tire-lignes évoluant en chambre doit prendre fin. Ah! s'ils avaient un œil quelque peu sensible, fût-il de verre, même reflétant... Déplorons les dévastations *irréparables*. Rochers de la Meuse, de l'Ourthe, de l'Amblève stupidement éventrés, irrémédiablement saccagés, perdus à jamais. Collines à l'accent doux, dunes aux croupes délicieusement mamelonnées, outrancièrement violées, monuments précieux singulièrement retapés. Virginités exquises gravement menacées.

Soyez respectueux, messieurs les destructeurs patentés, postés en haut lieu en sentinelles spiralées, car, de la dune, du rocher, des tours et des collines, des siècles de beauté vous contemplent. [...]

Royaume des maussades, des ingénieurs des ponts et des chaussées, des niveleurs étriqués, architectes frigides, Érostrates délirants, ruineurs de sites, tourmenteurs d'animaux, tortionnaires de plantes, la Belgique étalera bientôt une large monotonie horizonnée de platitudes. Plus d'arbres, plus de rochers, plus de dunes, plus de saillies pittoresques, messieurs les ingénieurs sauront tout raser. Oui, l'on proteste quand l'arbre est touché. Que dire du rocher à jamais détruit! Un remède cependant s'indique tout simplement. Au long de nos fleuves et rivières de Wallonie, il faut conserver les rochers en ligne de bordure formant décor enveloppant; ainsi seront préservées à peu de frais les beautés immenses de nos rivières majestueuses. Il faut défendre sans retard les dernières et suprêmes beautés du paysage belge; bientôt, la laideur étendra sur toutes choses son voile terne, et les jours de lumière fuiront tristement devant une nature veule et souillée, morte pour nos joies.

James Ensor, *Mes écrits*,
Préface de Franz Hellens,
5e édition corrigée, augmentée,
Éditions nationales, Liège, 1974

La beauté menacée : les dunes

Protestons! D'Ostende à Blankenberghe
la virginité des dunes est menacée.
Harcelons sans répit les profanateurs
inexcusables. Aliborons triomphants.
Bêtisiers mornes. Architectes boiteux.
Flandrins ineptes. Terrassiers saugrenus
et impudents. Beaux ruineurs de sites.
Dunophobes fielleux. Audacieux
chardonnophiles.

Pleurons les mamelons souillés,
les croupes rebondies, faiscées de bois
jaune, de légumes tuberculinesques,
de choux prosaïques.

Pourquoi saccager, brancher, sapiner,
aulner, hérisser, remuer, asperger,
clôturer, masquer, rapetisser, détériorer,
dépuceler, niveler, astiquer, enfécaler,
empuanter les sites adorables
commandant le respect.

Prenez exemple en Angleterre,
architectes barbares, bûcherons effrénés,
ravageurs sans foi ni loi.

Hélas ! Le Belge n'est guère sensible.
Destructeur de sites, tortionnaire
de plantes, tourmenteur d'animaux,
casseur d'arbustes, vandale à tous crins.

James Ensor,
Ibidem

«Eusemikwie»

Jonglant avec la langue à la folie, André Baillon, le bien nommé, part dans un délire logolalique où le langage sort tout cuit de sa coquille.

Œufs semi-cuits. Œufs semi-cuits. Qu'est-ce que des œufs semi-cuits?… C'est peut-être un terme de médecine. Euthanasie, euphorie, septicémie, eusémie, Eusemikwie. Bonjour docteur, je suis atteint d'eusemikwie, je suis en état d'eusemikwie… Eux se mit cuit… Mire cuire. La glace du bottier est un mirecuir. Cuire mir et mirent cuire les œufs semi-cuits. Et le poète Gaston Heux : Heux semi-cuit… Œufs semi-cuits… Que chantes-tu là, petit oiseau ? Je couve mes œufs… œufs semi-cuits… Heuze mi cui… Heuze mi… cui… Coui, coui… Cui…

– Heuze mi cui…

– Et toute la forêt s'y mit : Alléluia, heusemicui, heusemicui, heu-se-mi-cui-si, mi.

– Heu… si…

– Heu… si… mi… Heu… si… mi…

– Heu si mi… sérable…

Lucien Binot,
André Baillon, portrait d'une «folie»,
Bruxelles, Le Cri, 2001; texte repris de
André Baillon, *Délires*, 1927

«Ubrucudubrukélvicoojugoîstik!»

La langue exorbitée, sortie de ses gonds, se dévergonde et vagabonde sous la plume abracadabrante et désopilante de Marcel Moreau.

Calamitata! Et j'memmeurs de sermentamenteries!!! Ah c'te sexagirie oukse stroufouille min langaviskéaflaske! Carambaraka! qué culagrouillance à fèces et toyer! Torgniolégnôle khan pisselitronne jaillissoir è ôte pinoclameurarâ! Troppe encras tringué d'glusglouglaire poupoutâ ta blanchichichieuse o couraille couraille aperdremerdre é que ma puerdre è ke j'encarnavinasse dé soliturpiturquie mi grâgrâgrâ fouakre è graillonnagrogri! Ubrucudubrukélvicoojugoîstik! Mi ermitactactactactac avèl alkomisanthroposségnagnosse! Hourral'enfonçaillure inaverbaille youska kantikantakantomkancer à kancertitudesque! Putréfoutrécrané é grounier et phumiéromancie è flegmonomanomanie è niaque à niuque! Ah ah ah Motamortellance qu'estoit min

outraoutrance et grosspance
textatextapiautée, et j'embrasse!

Marcel Moreau,
Orgambide. Scènes de la vie perdante,
Paris, Luneau Ascot, 1980

Un peu d'humour...

L'illogisme des Français n'échappe pas à l'œil ironique de Jacques Sternberg.

On se moque des Belges et des Suisses qui disent nonante pour quatre-vingt-dix, mais pourquoi ne se moque-t-on pas des Français qui disent soixante et pas cinquante-dix?

Jacques Sternberg,
Dictionnaire des idées revues,
Denoël, 1985

Les pieds dans le plat

Pour défendre la période vache de René Magritte qui connaît un échec retentissant à Paris en 1947, Louis Scutenaire, l'ami fidèle, met à raison les pieds dans le plat.

Ce coup-ci c'est gagné, vous pouvez toujours courir – à pied, à cheval et en voiture – vous êtes battus sur votre lopin. [...] Vous aurez beau chipoter vos orchidées, chauler le cabanon, brasser le seau à bran, vous irriter l'ulcère, faire les rossignols amoureux, vous foutre le trait dans l'abs et l'atif sur la figure, passer vos camisoles de force à la benzine, fourbir les rêves au tripojus, vous en avez plein le caleçon et plus rien à faire pour nous en mettre. Hop!

On veut pas vous faire du mal, notez, vous dépayser, vous effrayer, c'est pour ça qu'on vous cause nègre américain comme vous êtes habitués. On veut bien vous dire merde poliment, dans votre faux langage. Parce que nous, les péquenots, les mangebouses, on n'en est pas à une façon près, tu te rends compte. On veut même être assez gentils pour vous parler comme vos derniers nés gawasse pirtèe coxigée vobée rimmpliplîre et picoultîre x y x cou li bi la ba ba x x x zim boum tra la la la peût peût barbapoux Célina tichien Madame tichat Monsieur a c e g i k kss kss l m n o p qu qu qu qu qu qu jusqu'à demain pouf pouf!

Alors ça va ? On reste en pays de connaissance? N'allez pas *imaginer* qu'on soit des dadas, hein, nous on monte sur les dadas, on est des écuyers. [...] «C'est pas du cirque ça, que vous allez dire, non, mais, ce picard! Vous parlez d'un penchant détestable. Ça déshonore le chapiteau, voyons! Ah c'est ça, c'est ça! Ah mais enfin! Qu'est-ce donc qu'il vient brouter dans notre pacage, ce *cocodrile*? Et la tradition et la révolution et la recherche et la révélation et la mesure et la déraison et la concrétisation et la systématisation et l'inconscient et l'analyse et le réel et les mythes, où est-ce qu'il se les met cet excentrique? Non, c'est pas du mol mais, tout de même, comment qu'on laisse facilement des voyous se défendre à c' t' heure. Rendez-vous compte, dites, de l'exagération des formes et des nuances, on ne retrouverait pas son bout si qu'il tombait là-dedans ni son petit anus. Vivement le Général pour y fourrer son nez et de l'ordre. C'est du politique, voyons, cette picture. Nous, on ne veut pas du politique, on ne veut plus. Vive Franco Pança, vive Proutman, vive Foster Dudule, vivent Saletzariste et le Grand Turc, mais à bas le politique, pas vrai mon chichi? Oui ma chichitte, retournons à nos pissotières et à nos calvaires.» [...]

La liberté guide nos pas. Qu'on rie, qu'on respire, toutes guêpière, rhétorique, sangle de braies et terreur craquées.

Louis Scutenaire, Préface à l'exposition
Magritte, la période vache,
Galerie du Faubourg 6, Paris, 1948

«La langue m'échappe»

Poètomane de haut vol, Jean-Pierre Verheggen, l'auteur de La Belge de Cadix, Le Flamand de lady Chatterley *et* Les Folies belgères, *constate que la langue non muselée fait l'échappée belge.*

La langue m'échappe depuis toujours. Je n'arrive pas à la saisir et moins encore à la cerner. Je confonds tout : Freud et Fred, le célèbre danseur de claquettes, ou, aujourd'hui, Tintin et Desmond Toutou, Madame Bovary et Monsieur Bovidé, ou, plus effronté, Tirésias et Mamelles, j'en passe et des plus belges! C'est une calamité! Je vais même, sans penser un seul instant travestir la réalité, jusqu'à comparer la vie d'Amanda Lear avec celle de l'homonyme Roi cher à Shakespeare. Ou, c'est pareil, évoquer l'existence possible d'un Céleri Perpétuel de l'Académie française! C'est une catastrophe! [...]

Dois-je lire une publicité pour Pal, l'aliment royal canin, je lis illico Pal Claudel, le souper de chaque chien. Suis-je invité à voter vert, voter Écolo, je vois – ou plutôt j'entends, c'est pareil, mon oreille tintinesque est camée! – votez verres, votez Alcoolos!

Ce n'est pas par distraction (nul, plus que moi, n'est aussi scrupuleusement attentif à la matière quasi organique de notre vocabulaire) ni, non plus, par intention malveillante ou volonté délibérée de nuire, c'est par handicap. Je suis un handicapé de la langue, un languedicapé de naissance, il me semble. Car cela remonte à fort loin : à ma tour de Babil ou de Babelge, à mes trous de mèremoire, à une sorte d'ouïssance intempestive et d'in*son*scient collecteur de comptines obscènes, d'animalités diverses, de refrains idiots, de rythmes naïfs et de bêtises lumineuses! À des temps ancestraux, antédiluviens, abyssaux, immémoriaux!

Quelque part entre l'Absolu le plus cucul qui puisse être et l'Obsolète le plus résolument ultra-contemporain. À vingt mille lieues sous la langue maternelle avec Jules Verne ou dans la montgolfière de Pilâtre de Rozier en train de s'envoyer au ciel en hurlant : chauffe Nacelle. Si haut, si bas et si loin que, d'année en année, je me souviens de moins en moins du titre de mes livres et des faits de ma biographie. Je suis né? Yes, comme répondait à cette question saugrenue Groucho Marx qui, comme moi, a vu le jour à Gembloux, en Belgique, dans la province de Namur! J'y ai parlé très jeune le Grand Nègre et le Sabir du Grand Turc, ce qui m'a permis, plus tard, de gagner ma croûte (disons plutôt : mon croûton) dans diverses séances de performances orales où j'apparaissais jappant ou japonisant ou en Oral-outang grimaçant, ou encore en duo singeant L'Oral et Hardy, dans le plus pur numéro de desesperanto lyrique.

Car pour le reste, ce n'est ni la lecture de Guyotat ni la fréquentation des textes de Prigent ou de Novarina qui m'aient jamais rapporté un sou vaillant. Ma vie, en effet, fut et continue d'être un Ridiculum vitæ, quand bien même ai-je connu mon quart d'heure de gloire comme musicien sous le nom de Rainer Maria Rocker et comme droguiste (professionnel) sous celui d'Herboriste Vian, mais qu'est-ce que c'est? Poète ou non, on n'est pas grand-chose, n'est-ce pas? On n'est même rien du tout!

Jean-Pierre Verheggen,
«La Langue m'échappe»,
Cheyne éditeur
et La Comédie de Reims,
2001

L'État belge a-t-il encore un avenir?

Pays décousu, la Belgique s'effrite, se désagrège, s'effiloche, prend l'eau de toutes parts. Certains prédisent son évaporation; d'autres prônent son morcellement; nombreux sont ceux qui veillent à son extinction finale. C'est oublier l'ironie qui présida à la naissance de ce minuscule pays si longtemps sans histoire. Peut-être les solutions les plus délirantes seront-elles les plus raisonnables?

Un Batave en pays de connaissance

Un Hollandais, vivant depuis des années en Belgique, explique non sans esprit : «Pourquoi je suis devenu belge.»

Il y a quelque temps, The Belgian Institute for World Affairs, en immolant une bouteille d'eau pétillante de Spa, a proclamé la Belgique œuvre d'art. Même en ne recourant pas à la qualification dadaïste, c'est moins cucul que ça n'en a l'air. Nulle part ailleurs en Europe n'existe un mélange si sain de cosmopolitisme et de provincialisme, que les diverses sous-espèces belges doivent à leur proximité mutuelle ainsi qu'à leur aversion commune à l'égard du centralisme jacobin à la française. En outre, je me dois, bien qu'amoureux de l'ancienne *Belgique à papa* (déclarée défunte par la classe politique au début de la fédéralisation vers la fin des années 60), de reconnaître que l'État fédéral actuel a la précision d'une horloge suisse. Oui, la Belgique est un exemple pour l'Europe, et celle-ci sera belge ou disparaîtra dans les brouillards de la balkanisation! […]

En Belgique, il est permis d'être pro ou anti-belge, pro ou anti-flamand/-wallon/-bruxellois, et ce dans des combinaisons librement choisies. Mais d'une étude récente réalisée par des chercheurs de l'Université catholique de Louvain et de la Katholieke Universiteit te Leuven, il ressort que seulement 10,8 % des Flamands, gémissant sous le joug belge, aspirent à une Flandre entièrement autonome, et que 0,0 % des Wallons souhaite une Wallonie indépendante. En d'autres termes, plus de 90 % de tous les Belges aiment la Belgique ou l'admirent en tant qu'œuvre d'art, ou reconnaissent qu'elle constitue une condition nécessaire à la belgitude, ou du moins estiment que l'alternative à la Belgique est encore plus horrible.

Le deuil à l'occasion du décès de Baudouin, en août 1993, illustra ces chiffres bien avant leur publication. Cela nous ramène au curieux phénomène suivant : le patriotisme belge ne se manifeste – en dehors de la Coupe du monde de football – que par des témoignages feutrés de royalisme. Aucun Belge ne connaît le texte de son hymne national (texte du reste idiot); aucun Belge ne fait étalage des mappemondes Mercator, des tableaux de Rubens ou de la dynamo de Zénobe Gramme. Mais sans monarque, la Belgique devient tout bonnement une impossibilité technique. Le peuple en a conscience, qui honore son souverain, sans toutefois verser dans les excès acoustiques des orangistes aux Pays-Bas.

Quant au drame de Baudouin, c'était bien sûr son mariage stérile, mariage d'un catholique fervent qui, aux yeux du peuple, recevait de ce fait une lueur mystique. Son refus de voter la loi sur la libéralisation de l'avortement augmenta encore sa popularité : afin de sauver cette loi, le gouvernement eut à le détrôner pendant 24 heures, cas extrême de belgitude. À sa mort, il avait été le roi des Belges pendant 42 ans et deux Belges sur trois étaient nés sous son règne. La réforme de l'État venait d'être terminée et cela rendit plus symbolique encore sa disparition : avec la figure du père, disparaissait le *papa* de l'ancienne *Belgique*. Rien d'étonnant à ce que le peuple affluât par centaines de milliers devant le palais royal : on avait le sentiment que la patrie même venait de mourir, l'identité collective, la belgitude. Telle est la véritable cause de ces condoléances massives qui firent tant ricaner les républicains.

Voilà donc le patriotisme d'une nation non patriotique.

Benno Barnard, traduction Paul Dirkx, in *Littérature en Flandre, 33 auteurs contemporains*, Le Castor astral, 2003

L'affaire Dutroux : un séisme éclairant

Professeur de sciences politiques à l'université libre de Bruxelles, Joël Kotek déclare : «Quand tout sera terminé, le pays aura la gueule de bois.»

Le procès Dutroux se termine, qu'en restera-t-il?

C'est la fin d'une parenthèse qui a soudé la Belgique pendant huit ans. Avant Dutroux, il y avait l'idée d'une Belgique enchantée bien qu'en crise. Cette affaire a signé la fin de l'innocence. Les réactions massives, la «marche blanche» et la commission parlementaire qui a suivi ont révélé le dysfonctionnement profond de l'État et entraîné un formidable sursaut avec en toile de fond une angoisse nationale sur le délitement, la fin de la Belgique! Dutroux a cristallisé ces peurs et a permis de les exprimer. Il a tué des francophones, Julie et Mélissa, et des Flamandes, An et Eefje. Le pays, toujours divisé entre les deux communautés, s'est retrouvé uni dans la douleur, et toutes ces années-là, les divisions historiques se sont atténuées. En même temps, bien que choqué de donner à l'extérieur l'image de la pédophilie, le pays s'est piqué de révéler au monde cette criminalité plus ou moins occultée. Une véritable mission vertueuse! [...] Cet espoir d'une reprise en main de la politique par les citoyens s'est fracassé. Rien n'a véritablement changé dans le pays, mais l'affaire Dutroux a joué ce rôle fédérateur.

Pourtant, le pays a été, et reste encore, divisé entre croyants et non-croyants en un hypothétique réseau...

C'est l'aspect fantasmatique de cette histoire! De nombreux Belges sont persuadés qu'on ne leur a pas tout dit, que Dutroux était le maillon d'un réseau de notables, au cœur d'un grand complot. On a parlé de chasses à courre avec des enfants, auxquelles participaient un ancien Premier ministre et des membres de la famille royale. C'est absurde. Durtoux le ferrailleur de Marcinelle, dans le pays noir, appartient au quart-monde. Il n'y a aucun lien possible avec la haute bourgeoisie ou les milieux royaux. Même s'il y a des pédophiles en Belgique, ils vont se servir en Thaïlande ou au Sri Lanka, pas dans la cave sordide de Dutroux. Certes, le pays a été divisé sur la théorie des réseaux, mais il y avait le même nombre de croyants et de non-croyants chez les Wallons et les Flamands. Je suis persuadé que la vérité a été dite au procès et que le réseau n'a jamais existé. Mais je crois cependant que le doute persiste et persistera toujours.

Pourquoi?
Tout au long de l'affaire on a parlé d'autre chose. Des dysfonctionnements des institutions politiques, de la misère de la justice et de la police. Le pays tout entier a cru que les choses allaient changer. Les gens ont trop espéré. Et puis quand on a officiellement parlé de l'affaire, au procès, on est tombé sur un simple fait divers. Sordide, monstrueux, mais banal au fond. C'est comme si la montagne avait accouché d'une souris. Beaucoup ne veulent toujours pas admettre qu'un homme seul, qui n'a jamais régné que sur des êtres faibles, sa femme ou des enfants, ait pu commettre une telle horreur et mettre 300000 personnes dans la rue. L'affaire Dutroux, pourtant, n'est que l'affaire Dutroux.

Que va-t-il se passer, quand les journaux et les télévisions belges, qui ne parlent que de ça depuis huit ans, vont se taire?
On a donné à Dutroux un procès énorme. On l'a enfermé dans une cage de verre, on l'a comparé à Eichmann. On en a fait un monstre de conte de fées. C'est le côté démesuré, surréaliste de la Belgique. Un pays où il ne se passe pas grand-chose, il faut bien le dire. Quand tout cela sera terminé, le pays aura la gueule de bois. Il l'a déjà.

Joël Kotek, propos recueillis par Pascale Nivelle, *Libération*, 18 juin 2004

Chacun chez soi, la Belgique nulle part

Fondateur du parti réunioniste, l'homme politique Paul-Henry Gendebien se veut rattachiste et déclare : «La Flandre indépendante, la Wallonie et Bruxelles avec la France.»

Pour ce qui est de la Flandre, une seule hypothèse consistante : l'indépendance. Sa souveraineté s'imposera puisque le confédéralisme belge est un leurre et l'Europe des régions un mirage. Maintenant, la Flandre gouverne tout ensemble la Belgique et la Flandre. S'approche le temps où elle considérera qu'il n'y a pas place sur un même territoire pour deux États dont les finalités ne sont pas identiques. Alors la Belgique, État de trop sur la carte de l'Europe, sera effacée soit par la sécession unilatérale du pays flamand, soit et avec plus de probabilité, à l'issue d'un consentement mutuel négocié entre l'«État de fait» flamand et une délégation commune wallo-bruxelloise.

[...] Avec ou sans Bruxelles, une indépendance de la Flandre est de toute manière plus plausible qu'une union avec les Pays-Bas. Sans doute certains y songent-ils : si les Hollandais et les Flamands décidaient de ne former qu'un seul État de près de 22 millions d'habitants, leur conjonction aurait un grand poids économique en Europe et dans le monde et leur donnerait une puissance respectable sur les plans culturel et politique, bien supérieure à celle du Benelux. Quels avantages n'en tirerait pas la langue néerlandaise, beaucoup mieux armée désormais pour assurer sa protection et garantir sa vitalité. [...]

Pour Bruxelles et la Wallonie, plusieurs scénarios d'avenir peuvent être envisagés mais tous n'ont pas les mêmes chances de s'imposer : indépendance de la Wallonie et statut de «ville-État» pour

Bruxelles, création d'un État «Wallonie-Bruxelles » qui serait une continuation de la Belgique sans la Flandre, réunion à la France de la Wallonie et, si elle le désire, de Bruxelles. [...]

Minoritaires dans l'État, avec un tiers seulement de la population belge, les Wallons ne seront pas libres de choisir entre une Belgique maintenue et une intégration dans la France. Un beau matin, ils se retrouveront avec la partition sur les bras. Ils ne pourront plus se voiler la face et devront trancher : la seule alternative qui s'offrira à eux sera la République indépendante de Wallonie (avec ou sans Bruxelles) ou la réunion avec la République française.

[...] la perspective de l'après-Belgique a donné naissance, surtout à Bruxelles, à une autre proposition que l'on pourrait qualifier de mitigée. Il s'agirait de se contenter d'une petite Belgique continuée qui bénéficierait de la légitimité politique et juridique de l'ancien État, de son nom, de sa capitale, de son drapeau et de sa «famille» royale. Ce serait toujours la Belgique, les Flamands en moins. Par dérision, on parle de «Minibel» ou de «Wallobrux».

Paul-Henry Gendebien, *Le Choix de la France, un avenir pour la Wallonie et Bruxelles*, Éd. Luc Pire, 2001

Les frustrations comme créativité

Le Flamand Stefan Hertmans s'oppose à la furie des extrémistes et séparatistes flamingants, qui ont pour slogan : «Belgique, crève!»

Vivre dans une culture bilingue, en cette époque de globalisation, est sans conteste célébré comme une preuve d'ouverture d'esprit, un premier pas vers le cosmopolitisme, et tant qu'on y est, la sauvegarde de ce que l'on appelait jadis la civilisation européenne. S'enfermer dans une seule langue est de plus en plus souvent perçu comme le refus de participer à un monde plus vaste que sa propre chambre mentale. Cela rejoint ce qui a pratiquement toujours été ma conviction personnelle. Je vis dans ce que l'on pourrait appeler le «Corridor de l'Europe» : tout le monde passe par Bruxelles, Bruxelles est devenu le symbole d'une Babylone postmoderne où doit se fêter le grand œcuménisme de l'Europe unifiée. [...]

De ces reflets des miroirs déformants que l'on nous propose ressort une image étrange, quelque chose qui nous prête une identité quelque peu instable.
Les Flamands sont sur ces entrefaites devenus très conscients de leur position, de leur valeur («On n'est jamais mieux servi que par soi-même»), ils rêvent – et pas seulement les populistes parmi eux – de fonder une Flandre qui poursuivrait sa route de façon totalement indépendante, libérée enfin des interminables chicanes à débrouiller avec leurs frères francophones. Ce n'est pas qu'ils se bagarrent à propos de la langue, c'est un combat terminé. Non, ils se querellent à propos de la Sécurité sociale, des chemins de fer, des infrastructures, des syndicats, de l'enseignement, des subsides culturels, bref, leurs disputes donnent l'impression d'être objectivées.

[...] dès lors que de plus en plus de politiciens francophones s'exercent à un timide bilinguisme, les séparatistes les plus enragés doivent tout de même bien remarquer qu'il existe quelque chose appelé «le Belge», en dépit de l'apostrophe célèbre du socialiste wallon Jules Destrée («Sire, il n'y a plus de Belges»). Le Belge existe bel et bien. Il s'appelle tantôt Tintin, tantôt Louis Michel, puis *Leonidas* ou le prince Laurent; il excelle dans une sorte de relativisme dadaïste à propos de tout et de rien, pour autant que l'on ne se mette pas à le faire à sa place (dans la presse internationale, par exemple); alors, le Belge-qui-relativise-tout se dresse, indigné, criant à tue-tête qu'il n'est pas question qu'on lui passe encore une fois sur le corps (les petits pays ont une âme susceptible, et comme le remarquait un jour un poète, ils ont plus le sens de l'international que les grandes nations).

[...] Suis-je en train de plaider pour une culture plurilingue romantique et naïve? Pas vraiment. Je ne peux éviter de me faire parfois insulter dans ma propre capitale, d'avoir affaire à des gens qui savent très bien ce que je dis, qui acceptent volontiers mon argent de client mais prétendent ne pas me comprendre, tandis que je lis la répulsion dans leur regard. Il faut apprendre à vivre avec cela, et cultiver la longanimité. Ce n'est pas toujours facile. [...] Ma génération vit avec l'haleine brûlante du *Vlaams Blok* xénophobe dans la nuque. Ce qui fut naguère objet d'une lutte légitime pour la langue et l'autonomie est maintenant pratiquement conquis. Au sens strict, une option aussi extrême que le *Vlaams Blok* n'a plus de nécessité. Et pourtant, les voix de nombreux citoyens frileux et aigris vont à ce parti rancuneux.

[...] Du côté francophone aussi survit une pensée séparatiste, quoique marginale; le Mouvement liégeois pour un rattachement à la grande mère patrie française est tout aussi nostalgique et irréaliste. La France, comme vous le savez mieux que moi, l'un des pays les plus centralisés au monde, n'attend pas avec impatience les restes d'une Belgique éclatée; pas plus que les Néerlandais ne convoitent un appendice flamand. Le résultat de l'éclatement de la Belgique ne serait autre chose que deux nations miniatures qui se condamneraient à n'être chacune que la banlieue d'une autre culture. En outre, au cas où la Belgique disparaîtrait, se pose le problème insoluble de la capitale : à qui appartient-elle? Aucune des parties n'a l'intention de lâcher sans autre forme de procès la seule métropole de ce petit pays. Diviser Bruxelles est impensable, parce que l'essence du Bruxellois est justement sa culture mixte.

Stefan Hertmans,
«Les frustrations comme créativité»,
traduit par Danielle Losman,
Revue *Septentrion*, *Arts, lettres et culture de Flandre et des Pays-Bas*, n° 3, 2004

L'avenir au présent

L'écrivain, journaliste et dramaturge bruxellois, Jacques De Decker s'interroge : «La Belgique dispose d'innombrables mécanismes de régulation, mais recèle aussi ses propres forces destructrices. Lesquelles l'emportent à présent?»

Si quelqu'un forme le projet de réduire à néant un grand ensemble, la bonne technique est d'en attaquer le noyau, et de déstabiliser ainsi la structure tout entière. La crise que traverse la Belgique actuellement est de cette nature : elle ne menace pas seulement l'État concerné lui-même, mais l'Europe dont elle est devenue le point d'intégration.

Les tensions qu'elle connaît ne sont pas neuves mais présentent un danger indéniable et risqueraient, si elles n'étaient pas apaisées, de conduire à sa désintégration et à une grave perturbation de l'union politique qu'elle contribua à fonder. Le paradoxe est qu'elles ne viennent pas de l'extérieur, ces tensions, mais que le pays les génère lui-même, comme s'il était porteur de sa propre déconstruction.

Cette force n'agit pas clandestinement. Depuis des décennies, elle intervient à visage découvert dans la vie politique. Elle brandit même un slogan qui dit clairement ce qu'elle vise : Que la Belgique crève! affiche-t-elle comme emblème, assortissant un temps cette formule de gants de boxe. […]

On crut bien faire en cernant le groupe d'agitateurs d'un cordon sanitaire. L'expression était française, elle fut adoptée par les Flamands adversaires de la faction concernée. Ils avaient compris que la mouvance qui s'exprimait là n'avait pas seulement pour but d'exalter la Flandre, mais de la contaminer en la faisant dériver vers le populisme démagogique. Ils savaient que, sur ce plan, la Flandre est vulnérable parce qu'elle s'est longtemps sentie lésée par la démocratie.

Tant que celle-ci était balbutiante, la Flandre avait fait les frais de ses systèmes électoraux. Trop pauvre pour disposer de ses propres candidats, elle avait été dominée par une classe de privilégiés largement francophones. Cette trop longue période de frustration, qui ne s'est achevée qu'avec l'introduction du suffrage universel, l'a terriblement blessée. Les choses ont pourtant radicalement changé depuis. La démocratie a permis à la Flandre non seulement de réparer les iniquités dont elle avait été la victime, mais de lui faire dominer le pays tout entier.

Ce renversement, qui a fait de la francophonie une minorité, n'a suscité de la part de celle-ci aucune hargne excessive. Les Wallons, eux-mêmes souvent mal à l'aise dans l'État belge, ont trouvé leur content dans une plus grande autonomie et, animés par un idéal de justice sociale, ont trouvé légitime la restauration des droits déniés aux Flamands. Ils ne les ont contestés que lorsqu'ils estimaient qu'ils dépassaient les bornes, et cela donna les jacqueries dans les Fourons.

Or, aujourd'hui c'est à Bruxelles que les Flamands dépassent les bornes. Bruxelles qui, longtemps négligée au niveau international, est devenue la ville la plus citée au monde, parce qu'elle désigne et incarne l'Europe dans son devenir quotidien.

Le drame, c'est que Bruxelles n'est pas seulement la capitale de l'Europe, mais aussi celle de la Belgique et de certaines de ses entités fédérées, de ce patchwork ravaudé tant bien que mal au fil de réformes qui ont permis au pays, en se payant lifting sur lifting, de continuer à faire bonne figure, dans le concert des nations, européennes pour commencer.

L'autre drame, c'est que l'Europe n'est pas aimée par tous les Belges, et certainement par ceux qui préféreraient ne plus s'appeler tels. C'est qu'elle est cosmopolite, et l'on sait que les nationalistes haïssent le cosmopolitisme. C'est qu'elle est métisse et que les fascistes ont une obsession pathologique de la pureté ethnique. C'est qu'elle est complexe et que les simples d'esprit ont horreur de la complexité.

Il est évident que la construction européenne a profondément modifié le destin de Bruxelles. S'il est une ville qui ne devrait pas être enfermée dans un carcan, c'est bien elle. Or, des groupes de pression veulent à tout prix contrecarrer son expansion. Parce qu'ils y voient une grave menace pour leurs objectifs, qui ont nom repli identitaire, campement sur des positions ancestrales, récupération fantasmée de préséances perdues.

[...] L'histoire de Belgique : un chapelet de crises, dont elle s'est tirée par des acrobaties invraisemblables, mais en évitant le dérapage dans l'irréparable. Le résultat : dans un monde plus tourmenté que jamais, elle tient le cap de la paix et du bien-être. Le veut-elle encore?

Jacques De Decker, «La Belgique»
Le Soir, 18 octobre 2004

BIBLIOGRAPHIE

– Aron (Paul) (textes réunis par), *La Belgique artistique et littéraire, une anthologie de langue française, 1848-1914,* éditions Complexe, 1997.
– Arty (Pierre) (textes rassemblés par), *Victor Hugo, impressions de Belgique,* éditions Luc Pire, 2002.
– Assouline (Pierre), *Simenon*, Gallimard, 1996.
– Avermaete (Roger), *Nouvelle Histoire de Belgique*, éditions Jacques Antoine, 1983.
– Baudelaire (Charles), *Œuvres complètes*, coll. «La Pléiade», Gallimard, 1973.
– Bernaerts (Aimé), *Proscrits, exilés, écrivains étrangers en Belgique*, éditions Paul Legrain, 1980.
– Bex (Florent), *L'Art en Belgique (1975-2000)*, Fonds Mercator, 2001.
– Beyen (Roland), *Michel de Ghelderode ou la hantise du masque, essai de biographie critique*, Académie royale de langue et de littérature françaises, 1980.
– Claus (Hugo), *Le Chagrin des Belges*, Julliard, 1985.
– Collectif, conception Carrette (Francis) et De Croës (Catherine), *Les Peintres du silence, Degouve de Nuncques, Derchain, Donnay, Khnopff, Le Brun, Mellery, Pirenne, Spilliaert*, Hôtel de ville de Bruxelles, 2002.
– Collectif, *Bruxelles au fil des jours et des saisons, La ville-la région- la périphérie,* guide-almanach, 1996.
– Collectif, *L'Art en Belgique, Flandre et Wallonie au XXe siècle, un point de vue*, Musée d'Art moderne de la Ville de Paris, 1991.
– De Coster (Charles), *La Légende d'Ulenspiegel au pays de Flandres et ailleurs*, présentation de Patrick Roegiers, coll. «Minos», La Différence, 2003.
– Dumont (Georges-Henri), *Histoire de la Belgique*, Hachette, 1977.
– Dumont (Georges-Henri), *La Vie quotidienne en Belgique sous le règne de Léopold II (1865-1909)*, Hachette, 1974.
– Dumont (Georges-Henri), *La Dynastie belge*, éditions J.-M. Collet, 1994.
– Dumont (Georges-Henri), préface et notes, *Camille Lemonnier, une vie d'écrivain,* Académie royale de langue et de littérature françaises, 1994.
– Dusausoit (Yvan), *Plages de mémoire, la mer du Nord du Zoute à la Panne*, Bernard Gilson, 2003.
– Feltkamp (Ronald), *Théo Van Rysselberghe*, éditions Racine, 2003.
– Florizoone (Patrick), *James Ensor, les bains à Ostende*, Snoeck-Ducaju & Zoon, 1996.
– Gendebien (Paul-Henry), *Le Choix de la France, un avenir pour la Wallonie et Bruxelles*, éditions Luc Pire, 2001.
– Gérard (Jo), *La Vie quotidienne sous Léopold Ier,* éditions J. M. Collet, 1999.
– Gorceix (édition présentée par), *La Belgique fin de siècle, romans-nouvelles-théâtre, Eekhoud, Lemonnier, Maeterlinck, Rodenbach, Van Lerberghe, Verhaeren,* Complexe, 1997.
– Haim (Claude), *La Belgique mise à nu*, Le Félin, 1995.
– Hanse (Joseph), *Charles De Coster*, Académie royale de langue et de littérature françaises, 1990.
– Hoozee (Robert) et Stevens (Mary Anne) (dir.), *De l'Impressionnisme au Symbolisme, L'avant-garde belge 1880-1900*, Royal Academy of Arts, 1994.
– Jungblutt (Guy), Leboutte (Patrick), Païni (Dominique), *Une Encyclopédie des cinémas de Belgique,* Musée d'Art moderne de la Ville de Paris, Yellow Now, 1990.
– Lemonnier (Camille), *L'École belge de peinture, 1830-1905,* coll. «Espace Nord», Labor, 1991.
– Lemoine (Michel), *Simenon, Écrire l'homme*, Découvertes Gallimard, 2003.
– Luc (Anne-Françoise), *Le Naturalisme belge*, Labor, 1990.
– Martin (Jean-Pierre), *Henri Michaux*, NRF biographies, Gallimard, 2003.
– Marx (Jacques), *Verhaeren, biographie d'une œuvre*, Académie royale de langue et de littérature françaises, 1996.
– Maurice (René), *La Fugue à Bruxelles, proscrits, exilés, réfugiés et autres voyageurs*, Le Félin, 2003.
– Morelli (Anne) (sous la direction de), *Les Grands Mythes de l'histoire de Belgique, de Flandre et de Wallonie*, Vie ouvrière, 1986.
– Noterman (Jacques A.M.), *Le Roi tué, la première enquête approfondie sur la mort d'Albert Ier*, Jourdan le CLerq, 2004.
– Paque (Jeannine), *Le Symbolisme belge*, Labor, 1989.
– Pingeot (Anne) et Hoozee (Robert) (dir.), *Paris-Bruxelles/Bruxelles-Paris, réalisme, impressionnisme, symbolisme, Art nouveau, les relations artistiques entre la France et la Belgique, 1848-1914,* Réunion des musées nationaux, Fonds Mercator, 1997.
– Robert-Jones (Philippe), *Histoire de la peinture en Belgique, du XIVe siècle à nos jours*, La Renaissance du livre, 2001.
– Robert-Jones (Philippe), *Eugène Laermans, 1864-1940*, Crédit Communal, 1995.
– Rodenbach (Georges), *Bruges-la-morte*, Labor, 1986.

– Roegiers (Patrick), *Le Mal du Pays, autobiographie de la Belgique,* Le Seuil, 2003.
– Sarlet (Claudette), *Les Écrivains d'art en Belgique 1860-1914,* Labor, 1992.
– Stengers (Jean) et Gubin (Éliane), *Le Grand Siècle de la nationalité belge, de 1830 à 1918,* tome II, Racine, 2002.
– Sylvester (David), *Magritte*, Flammarion, 1992.
- Todd (Olivier), *Jacques Brel, une vie*, 10/18, 1984.
- Toussaint (Françoise), *Le Surréalisme belge*, Labor, 1997.
- Trousson (Raymond), *Charles De Coster ou La vie est un songe,* biographie, Labor, 1990.
- Zweig (Stefan), *Émile Verhaeren*, Belfond, 1985.

TABLE DES ILLUSTRATIONS

COUVERTURE

OUVERTURE

CHAPITRE 1

34h Laminoirs en Belgique Angleur, lithographie.
34-35b *Inauguration des Chemins de Fer de Belgique à Bruxelles le 5 mai 1835*, Daems, lithographie.
35h *Le Passage Saint-Hubert à Bruxelles*, Lamal, gravure, 1849.
36-37 *Les Grecs et les Troyens se disputant le corps de Patrocle*, Antoine Wiertz, h/t, 1835. Musées royaux des Beaux-Arts de Belgique, Bruxelles.
37 *La Belle Rosine*, Antoine Wiertz, h/t, 1847. *Idem.*
38h *Le Géographe*, Henri de Braekeleer, h/t, 1871. *Idem.*
38b La Belgique, carte, Edigraphie, Rouen.
39 Pièce de monnaie belge, 1861.

CHAPITRE 2

40 *L'Éléphant*, Évelyne Axell, bois et Plexiglas émaillé, 1972. Coll. Crédit Communal, Bruxelles.
41 Rue de la Régence, début XXe siècle.
42b *Dans les anneaux du caoutchouc*, caricature sur la politique de Léopold II au Congo, gravure, 1906.
42-43h Carte du Congo belge sous Léopold II, gravure.
43b Léopold II, v. 1865.
44 Mines au Congo belge, début XXe siècle.
45h École de Jésuites de Kwanzo au Congo belge en 1930.
45b Colon au Congo belge, début XXe siècle.
46h L'avenue Louise, fin XIXe siècle.
46b Léopold II.
47 Les Arcades du Cinquantenaire, carte postale, vers 1900.
48-49 Le Palais de justice de Bruxelles, début XXe siècle.
49 La Colonne du Congrès, Bruxelles début XXe siècle.
50-51 La Maison du peuple réalisée par Victor Horta, à Bruxelles, début XXe siècle.
51 Porte réalisée par Victor Horta pour l'Hôtel Solvay à Bruxelles (détail).
52 La Bourse de Bruxelles, début XXe siècle.
53 *Un soir de grève*, Eugène Laermans, h/t,1893. Musées royaux des Beaux-Arts de Belgique, Bruxelles.
54bd *Orage, pluie, tonnerre, larges éclairs sur le lion de Waterloo*, dessin à l'encre de Victor Hugo, mai 1861. BnF, Paris.
54bg Victor Hugo à Bruxelles, 15 septembre 1862, Maes et Michaux, photographie. Musée Carnavalet, Paris.
55 Portrait de Baudelaire dédicacé à Auguste Poulet Malassis, Neyt, photographie.
56 Léopold II sur la plage d'Ostende. photographie. Coll. part.
57h *Sa Majesté la reine des Belges à Ostende*, Anthony d'Ypres, photographie, 1910.
57b Affiche publicitaire vantant la villégiature à Ostende, fin XIXe siècle.
58 *Autoportrait aux masques*, James Ensor, h/t, 1899. Menard Art Museum, Aichi.
59 *Les Bains à Ostende*, James Ensor, crayon et h/b, 1890. Coll. part.
60h *De Leeuw van Vlaanderen*, livre de Hendrik Conscience.
60b *Portrait de Guido Gezelle*, H.de Pondi, h/t, 1899. Coll. part.
61 *La Tempête*, Eugène Laermans, h/t, 1899. Musées royaux des Beaux-Arts, Bruxelles.
62 Charles de Coster à 20 ans, photographie.
63h *Portrait de Camille Lemonnier dans sa bibliothèque*, Constantin Meunier, aquarelle. Musée Camille Lemonnier, Bruxelles.
63b Portrait de Edmond Picard, Le Bon, photographie.

CHAPITRE 3

64 *Une Ville abandonnée*, Fernand Khnopff, dessin au fusain,1904. Musées royaux des Beaux-Arts, Bruxelles.
65 Albert Ier devant les inondations de l'Yser, 1914. Archives du Palais royal, Bruxelles.
66h *Portrait d'Émile Verhaeren*, Théo Van Rysselberghe, h/t, 1915. Musée d'Orsay, Paris.
66-67b *Portrait de Georges Rodenbach*, Lucien Levy-Dhurmer, pastel, vers 1895. Musée d'Orsay, Paris.
67 *Maurice Maeterlinck*, Edward Steichen, photographie, 1906. *Idem.*
68 *Pornokratès*, Félicien Rops, pastel et gouache, 1878. Coll. De la communauté française de Belgique.
69 *L'Intérieur d'atelier*, Léon Frédéric, h/t,1882. Musée d'Ixelles.
70 *Nocturne au Parc Royal de Bruxelles*, William Degouve de Nuncques, pastel,1897. Musée d'Orsay, Paris.
71h *Autoportrait*, Léon Spilliaert, gouache sur papier, 1907. Coll. part.
71b *Le Restaurant* ou *Salle de table d'hôtes*, Léon Spilliaert, pastel et aquarelle sur papier, 1904. Musées royaux des Beaux-Arts, Bruxelles.
72 *Opération césarienne*, cire anatomique du Docteur Spitzner.
73 *La Mort de Léopold II*, Spilliaert, pastel, 1910. Coll. part.
74 La reine Élisabeth et le roi Albert Ier lors des inondations de l'Yser, 1914.
74-75h La Belgique sous l'administration allemande : avis en trois langues interdisant de jouer et de chanter la Marseillaise sous peine d'emprisonnement, 27 mars 1915, affiche. Coll. part.
75b Albert Ier sur le front.
76-77h *Le type flamand, le type wallon et le type intermédiaire*, photographies parues dans *L'Illustration* du 13 mai 1911.
76m La *Lettre au Roi* de Jules Destrée, 24 août 1912 (détail).
76b *L'Homme des nuages,* Fritz Van den Berghe, h/t/, vers 1927. Musées royaux des Beaux-Arts de Belgique.

CHAPITRE 4

CHAPITRE 5

122h Manifestation contre la fermeture des usines Renault de Vilvorde, 27 février 2001.
122b Manifestation des employés de la Sabena à la Cour de commerce de Bruxelles, 29 novembre 2001.
123 Marc Dutroux construisant un mur, photographie parue dans *Le Soir* du 21 janvier 2004.
124h Le roi Albert II félicitant les joueuses de tennis belges Justine Henin-Hardenne et Kim Clijsters, finalistes à Roland-Garros le 7 juin 2003.
125 Le prince Philippe et sa fiancée Mathilde d'Udekem en septembre 1999.
126 Bain de foule pour la reine Paola et le roi Albert II lors de son avènement, le 8 septembre 1993.
127 Manifestation flamande pour la scission de l'arrondissement électoral Bruxelles-Hal-Vilvorde, 2004.
128 La foule, le jour de l'avènement du roi Albert II, 9 août 1993.

TÉMOIGNAGES ET DOCUMENTS

129 Le roi Baudouin et le puzzle belge. Dessin de Picha.
131 Marguerite Yourcenar dans le Maine, novembre 1979.
137 *La Lecture*, h/t de Théo Van Rysselberghe, 1903. Musée de Beaux-Arts, Gand.

INDEX

A

B

C

D

CRÉDITS PHOTOGRAPHIQUES

ADAGP, Paris 2005 1er plat, 6-7b, 8-9h, 13, 58, 59, 71b, 73, 76b, 79, 90, 102b, 107. Archives Gallimard 14, 18, 32b, 38b, 42b, 52. AFP 88, 92-93b,128. AFP/Belga 8-9b, 89, 91, 92hg, 92hd, 105b, 111, 121. AFP/Belga/E. Ansotte 122b. AFP/Belga/O.Matthys 122h. AFP/Belga/H.Vergult 125. AFP/J. Demarthon 124h. AKG-Images 1, 2-3h, 22-23h, 29, 47, 53, 58, 59, 64. AKG/Erich Lessing 2-3b, 4-5h, 4-5b, 6-7h, 27b, 27h, 32h, 68, 69, 71h. AKG/Hilbich 51. AKG/J. P. Verney 74-75h. ASAP/MAXPPP 105h. BnF, Paris 54bd. Beetman/Corbis 93h. Bridgeman Giraudon 28, 30hd, 31hg. Bridgeman Giraudon/Archives Charmet 84b. Robert Capa/Magnum 86b. Christophe L. 116bd, 117bg. Coll. part 95, 102b. Corbis 87. Corbis/Dave Bartruff Dos. Corbis/O.Franken 120h. Corbis Kipa/David Boutard 117bd. Corbis/Zuckerman 82. Crédit Communal, Bruxelles 40. D.R. 56, 57h, 60h, 63b, 72, 77b, 96, 99, 110, 123. Enguerand 97, 116-117h, 116bg. Daniel Filipachi/Paris-Match 98. Gamma 108-109b, 126. Gamma/Photo News/D. Lebrun 112-113b. Gamma/M. Rougemont 114b. Hergé/Moulinsart 2005 83, 100-101. ISOPRESS/SIPA 114-115h. Leemage 34-35b, 57b. Le Soir 120b. L'Illustration 35h, 75b, 75-77h, 84h, 85. André Morin 118-119. MRBA, Bruxelles 61, 71b, 76b. MRBA/Cussac 16. MRBA/Speltdoorn 11, 12, 36-37, 37, 38h. Musée Camille Lemonnier, Bruxelles 63h. News/Gamma 2e plat, 127. Photothèque des Musées de la Ville de Paris 54bg. Photothèque R. Magritte-ADAGP, Paris 2005 102h, 103. © Picha 129. Press-Sport 106. Aurore Roegiers 160. Roger-Viollet 30hg, 31hd, 39, 41, 43b, 45h, 46h, 46b, 48-49, 49, 50-51, 62, 80, 81h, 86-87h. J. J. Rousseau 17, 34h, 60b, 65, 76m. RMN, Paris 19, 67. RMN/D. Anaudet 26b, 26h. RMN/G. Blot 66-67b. RMN/Bulloz 24. RMN/C. Jean 25. RMN/H. Lewandowski 66h. RMN/J. Schormans 70. Rue-des-Archives 42-43h, 104. Sadocolor 94. Scala 33. Stedlijke-musea, Courtrai 23b. Van Parys Media 44, 45b, 74, 96b. Paul Versele 108h.

REMERCIEMENTS

L'auteur remercie Elisabeth de Farcy, Michèle Decré, Anne Soto, Pascale Comte, ainsi que toute l'équipe active et sympathique de Découvertes Gallimard, et bien sûr, toutes les institutions, artistes, créateurs ou éditeurs qui ont permis la réalisation de ce livre.

ÉDITION ET FABRICATION

DÉCOUVERTES GALLIMARD
COLLECTION CONÇUE PAR Pierre Marchand.
DIRECTION Elisabeth de Farcy.
COORDINATION ÉDITORIALE Anne Lemaire.
GRAPHISME Alain Gouessant.
COORDINATION ICONOGRAPHIQUE Isabelle de Latour.
SUIVI DE PRODUCTION Fabienne Brifault.
SUIVI DE PARTENARIAT Madeleine Giai-Levra.
RESPONSABLE COMMUNICATION ET PRESSE Valérie Tolstoï.
PRESSE Flora Joly et Alain Deroudilhe.

LA BELGIQUE, LE ROMAN D'UN PAYS
ÉDITION Michèle Decré-Cyssau.
ICONOGRAPHIE Anne Soto. MAQUETTE Pascale Comte.
LECTURE-CORRECTION Jean-Paul Harris et Pierre Granet.
PHOTOGRAVURE Color Way.

Patrick Roegiers, avec des lunettes
noires, posant à côté de la statue
du roi Baudouin, sur la digue,
à Ostende, en 2002.

Patrick Roegiers est né en 1947 à Bruxelles et vit à Paris depuis 1983. D'abord homme de théâtre, il a entre autres réalisé des spectacles comme *Pauvre B...!*, mettant en scène les derniers jours de Baudelaire en Belgique, ou *Belgavox*, contant la victoire d'Eddy Merckx dans le Tour de France, le 21 juillet 1969 – jour où Armstrong a marché sur la Lune. Spécialiste de la photographie, il a été critique photographique au journal *Le Monde* de 1985 à 1992 et a publié une vingtaine d'ouvrages sur le sujet dont des essais consacrés à Lewis Carroll, Diane Arbus, Bill Brandt et René Magritte. Comme romancier, il a publié aux éditions du Seuil, dans la collection Fiction & Cie, huit romans dont *Beau regard*, *L'Horloge universelle*, *Hémisphère Nord*, *La Géométrie des sentiments*, *L'Oculiste noyé* et *Tripp* qui ont souvent pour sujet la peinture et pour personnages principaux des créateurs. Son livre *Le Mal du pays, autoportrait de la Belgique*, à la fois dithyrambe féroce et pamphlet louangeur, paru en 2003 aux éditions du Seuil, est réédité en 2005 dans la collection « Points-Seuil ». Il est l'auteur du livre et le commissaire de l'exposition « Magritte et la photographie », créée au palais des Beaux-Arts de Bruxelles dans le cadre du 175e anniversaire de la Belgique.

À ceux qui ont fait la Belgique, et pas à ceux qui la défont.

Dépôt légal : mai 2005
1er dépôt légal : janvier 2005
Numéro d'édition : 137990
ISBN : 2-07-031540-1
Imprimé en France par Pollina - n° L96970